강아지성도
고양이신자의
기도

Originally published by InterVarsity Press as **Cat & Dog Prayer**
by Bob Sjogren and Gerald Robison.
ⓒ 2010 by Bob Sjogren and Gerald Robison.
Translated and printed by permission of InterVarsity Press,
P.O. Box 1400, Downers Grove, IL 60515, USA.
All rights reserved.

Korean Edition, Copyright ⓒ 2014 by Timothy Publishing House, Inc., Seoul,
Republic of Korea

이 한국어판의 저작권은 InterVarsity Press와 독점 계약한 (주)도서출판 디모데에 있습니다.
신 저작권법에 의하여 한국 내에서 보호받는 저작물이므로 무단 전재와 무단 복제를 금합니다.

강아지 성도 고양이 신자의 기도

1쇄 인쇄	2014년 1월 28일
1쇄 발행	2014년 2월 9일
지은이	밥 쇼그린 & 제럴드 로비슨
옮긴이	김창동
펴낸곳	주)도서출판 디모데 〈파이디온선교회 출판 사역 기관〉
등록	2005년 6월 16일 제 319-2005-24호
주소	서울특별시 서초구 서초대로 141-23(방배동, 세일빌딩)
전화	마케팅실 070) 4018-4141
팩스	마케팅실 031) 902-7795
홈페이지	www.timothybook.com

값 11,000원
ISBN 978-89-388-1567-5 03230

Copyright ⓒ 주) 도서출판 디모데 2014 〈Printed in Korea〉

> 오늘도 응답 없는
> 기도를 드리는
> 그리스도인에게

강아지 성도
고양이 신자의
기도

밥 쇼그린 & 제럴드 로비슨 지음
김창동 옮김

차례

서문
기도의 중심은 당신이 아니다   7

1장
그리스도인의 기도, 그 불편한 진실   12

2장
강아지 성도와 고양이 신자의 기도,   28
무엇이 다른가

3장
크고 담대한 기도   52

4장
기도의 참된 목적   66

5장
복이란 이런 것이다 84

6장
기도할 때 분별하고 주의하라 106

7장
하나님이 응답하시는 때 124

8장
'노'(No)라고 응답하시는 하나님 144

제럴드의 마지막 생각
하나님이 응답하실 수 없는 기도 159

밥의 마지막 생각
초자연적인 것을 초월하기 163

서문

기도의 중심은
당신이 아니다

"이것은 우리에 관한 것이 아니다."* 릭 워렌의 『목적이 이끄는 삶』(The Purpose Driven Life, 디모데) 서두에 나오는 이 문장은 우리 책의 핵심이기도 하다. 이 문장에 담긴 어떤 의미가 우리 책의 주제로 삼을 만큼 중요한 것일까? 그것은 이 문장이 오늘날 교회가 외면해온 진실을 선포하기 때문이다! 21세기 교회는 '나 중심주의'(me-ism)라는 식물을 먹어왔는데, 그것은 에덴 동산에서 인류의 심장에 깃들어 있다가 그 후 계속해서 자라난 죄악된 이기주의 속에서 태동된 개념이다.

만일 "마땅히 행할 길을 아이에게 가르치라 그리하면 늙어도 그것을 떠나지 아니하리라"(잠 22:6)는 잠언의 말씀을 기억한다면, 우

---

* 릭 워렌, 『목적이 이끄는 삶』(The Purpose Driven Life, 디모데), 21.

리가 어떻게 이 지경에 이르게 되었는지 쉽게 이해할 수 있을 것이다. 교회는 2천 년이 넘도록 이 땅에 존재해왔지만, 지난 50년여 동안 섭취해온 '나 중심주의'는 우리의 태도와 생활방식, 특히 우리의 기도 생활에 지대한 영향을 미쳤다.

그리스도인이라면 누구나 기도해야 한다는 사실을 잘 알고 있다. 그리고 대부분의 그리스도인은 기도를 한다. 가끔씩이라도 말이다. 그런데 그 기도에는 문제가 있다. 우리가 기도를 한다 해도 별 뾰족한 수가 없다고 생각하는 것이다. 다시 말해 기도가 무슨 역사를 일으키는 것으로 여기지 않는다는 것이다.

우리는 그 답을 오늘날 그리스도인의 마음과 생각이 고양이 신학에 푹 빠져 있다는 사실에서 찾을 수 있다. 여기서 잠시 고양이 신학과 강아지 신학의 차이점을 살펴보기로 하자.

강아지는 주인을 모시고 고양이는 종을 거느린다는 말이 있다. 즉, 강아지는 주인을 즐겁게 해주기 위해 살지만, 고양이는 주인이 자신의 즐거움을 위해 산다고 생각한다. 강아지와 고양이는 이렇게 다른 각도에서 삶을 바라보며, 때문에 동일한 사실에 대해 서로 다른 결론을 내린다.

강아지는 주인이 자기를 먹여주고, 귀여워해주고, 보호해주고, 사랑해주는 걸 보면서 이렇게 생각한다. '당신이 분명 하나님이에요!'

그러나 고양이는 다르다. '당신이 내게 먹을 것을 주고, 귀여워해주고, 보호해주고, 사랑해주는 걸 보니 내가 분명 하나님이에요!'

차이가 보일 것이다. 고양이 신자는 모든 것이 자기를 중심으로 존재한다고 생각한다. 그는 자신이 만든 우주의 중심에서 살아간다. 바로 이런 이유에서 우리는 '영광 플러스'(UnveilinGLORY, 강아지 성도 고양이 신자 사역의 모태가 되는) 사역을 통해 교회 안에 코페르니쿠스적 전환이 필요하다고 외친다. 우리는 우리 자신이 모든 것의 중심이라는 생각을 멈추어야 한다. 성경은 이에 대해 분명하게 말한다. "구하여도 받지 못함은 정욕으로 쓰려고 잘못 구하기 때문이라"(약 4:3).

성경은 우리에게 기도를 통해 일어난 다음과 같은 일들에 대해 말해준다. 태양이 멈추고, 병을 고침받고, 오랜 가뭄 끝에 단비가 내리고, 적군을 물리치고, 기름이 끝없이 솟아나고, 죽은 자가 살아났다. 심지어 예수님은 우리에게 산을 옮길 만한 능력을 약속하시기도 했다. 그러나 우리의 현실은 어떤가? 우리가 기도한다고 산이 옮겨지지도, 죽은 사람이 살아나지도, 우리를 위해 기름이 계속 솟아나지도, 적군이 물러나지도, 가뭄을 끝내는 단비가 내리지도, 병이 낫지도 않으며, 지구가 멈추지도 않는다.

그렇다고 기도가 아무런 소용이 없다고 말하는 것은 믿지 않는 사람들이나 하는 말 같아 양심에 찔린다. 그래서 어떻게 하는가?

우리는 반만 진실인 판타지 세상, 속임수로 가득한 사이비 세상을 살아간다. 우리는 기도를 통해 현실이 달라지지 않는 것처럼 보임에도 불구하고 마음으로는 기도가 무언가를 이루어낸다고 믿는다. 우리는 기도하지 않으면 죄책감을 느끼지만, 기도를 함에도 종종 의지할 곳 없는 겁쟁이 같다는 느낌을 받는다.

그렇다. 우리의 기도에는 문제가 있다. 그러나 성경은 우리에게 아무런 의심도 하지 말고 기도할 것을 분명하게 가르치고 있다. 심지어 우리의 경험이 그러한 가르침과 배치되더라도 말이다.

이 책을 통해 우리는 이런 모순의 해결책을 찾을 것이다. 그리고 우리의 기도 생활에 올바른 방향을 제시하고 동시에 잘못된 부분을 바로잡을 것이다. 왜냐하면 기도와 관련된 문제는 대개 기도하는 사람 자신에게 있기 때문이다.

- 문제는 우리의 마음에 있다.
- 문제는 우리의 의도에 있다.
- 문제는 우리의 초점에 있다.
- 문제는 우리의 생각에 있다.
- 문제는 우리의 언어에 있다.
- 문제는 우리의 관계에 있다.
- 문제는 우리의 믿음에 있다.

바꾸어 말하면, 문제는 바로 우리 자신이다.

본문을 시작하기 전에 한 가지 경고하고자 한다. 이 책은 응급 처방전을 발행하지 않는다. 기도를 효력 있게 만들어주는 신비한 공식이나 주문 같은 것도 세상에 존재하지 않는다. 한 가지 분명한 사실은, 우리 힘으로 기도를 효력 있게 만드는 것은 우리 힘으로 강물의 흐름을 바꾸는 것만큼이나 불가능하다는 것이다. 강물은 하나님이 조절하시며, 그분만이 기도가 효력 있게 하신다. 우리가 할 수 있는 일은 단지 당신을 강물로 안내하여 그 안에 들어가게 하는 것뿐이다. 우리는 당신이 그 흐름 안으로 들어갈 수 있도록 오직 성경적인 기도를 소개만 할 수 있을 뿐이다.

이 책은 우리 자신에 관한 초점을 바로잡는 데 주력할 것이다. 고양이 신자들은 자신에 대해서만, 자신을 위해서만 기도하면서 왜 자기들은 강아지 성도들처럼 응답받지 못하는지 의아해한다. 우리가 기도할 때 하나님이 들으시는 것은 미야우(MEow, 야옹)인 경우가 대부분이지만, 그분을 실제로 움직이게 만드는 것은 커다란 바아크(BARK, 멍멍, Being All-Reliant on the King, 왕이신 그분을 철저히 의지하기) 소리다. 이것이 우리가 이 책에서 말하고 싶은 진실이다.

밥 쇼그린 & 제럴드 로비슨

1장

그리스도인의 기도,
그 불편한 진실

그리스도인의 삶에서 우리를 가장 실망시키면서도 가장 많이 오해되고 있는 것 하나는 바로 기도다. 우리는 기도가 그리스도인으로 살아가는 삶의 본질이고, 기도야말로 하나님과 의사소통하는 가장 중요한 수단이며, 하나님을 이 땅의 삶에 개입하시게 하는 능력의 근원이라는 사실을 익히 들어 알고 있다. 그리고 하나님은 기도를 들으시고, 기도가 유효할 때 응답을 받는다는 말도 들어보았다. 우리가 그분의 이름으로 무엇이든 구하면 그분은 그렇게 행하신다고 들었다.

하지만 현실은 이와 반대다. 대부분의 그리스도인은 자신의 기도생활에 대해 실망하고 좌절하고 있으며, 기도에 취약하고 무력하며, 무지하고 또 무시한다. 그리고 이런 질문들을 마음에 품는다.

- 왜 그렇게 기도를 적게 하게 되는 것일까?
- 왜 그렇게 많은 기도에 응답이 없을까?
- 내가 드리는 것과 다른 종류의 기도가 있는 걸까?
- 응답받기 위해서는 어떻게 기도해야 하는가?

• 기도에도 비결 같은 것이 있는가?

　기본부터 시작하자. 기도는 당신이 다른 사람에게 하는 것처럼 하나님께 말씀드리는 것, 즉 그분과 대화하는 것이다. 이 책을 시작하기 전에 다음의 두 가지 사실을 전제로 하려고 한다. 첫째, 당신은 그리스도인이며(하나님은 불신자의 기도는 구원에 대한 탄원이 아닌 다음에는 들어주실 의무가 없다), 둘째, 당신은 이미 어느 정도 기도생활을 하고 있다.
　그러면, 당신은 어떤 종류의 기도를 사용해왔는가? 아, 당신은 기도에도 여러 종류가 있다는 사실을 몰랐는가? 사람들과 나누는 대화에 여러 종류가 있는 것처럼, 하나님과의 대화도 마찬가지다.
　앞에서 말한 것처럼, 기도의 가장 기본 형식은 하나님과의 의사소통이다. 우리는 하나님을 찬양하기 위해 기도를 사용하기도 하고, 때로는 죄를 고백하거나 용서를 구하기 위해 기도하기도 한다. 그리고 위급한 상황에서 구조를 요청하기 위해 기도를 하기도 한다. 물론 지혜와 그 밖에 필요한 것들을 공급해달라고 기도하기도 한다. 가끔은 다른 사람들을 위해 간구하려고 기도하며, 때로는 단지 우리의 생각과 감정을 내려놓기 위해 기도하기도 한다.
　그러나 가장 많이 사용되는 기도의 형태는, 특히 고양이 신자의 경우, 자신을 위해 무언가를 해달라고 하나님께 요청하는 탄원이다. 우리는 우리의 환경을 변화시키거나 필요한 것을 주시기 위해 필요하다면 하나님이 하늘과 땅을 그리고 시간과 공간을 초월해 달라고 요청하는 데 조금도 주저함이 없다.

우리는 이 책에서 탄원의 기도에 우리의 주의를 집중시킬 것이다. 왜냐하면 우리의 기도에서 도움과 안내와 이해가 가장 필요한 부분이기 때문이다.

자, 준비되었는가? 그럼 이제 시작하자.

고양이 신자들은 자신들이 드리는 탄원의 기도가 왜 아무런 효과를 거두지 못한다고 생각할까? 왜 그런 기도들은 좀 더 직접적이고 분명한 방식으로 응답이 되지 않을까? 영국의 BBC 방송국은 "기도는 정말 효과가 있는가?"라는 제목의 한 인터넷 기사에서 교황과 다른 기독교 지도자 두 명의 사진을 게재하고 있다. 그 사진 밑에는 "한 달 전 세상의 종교들이 한자리에 모여 세계 평화를 위해 기도했다. 이 행사가 지구에 어떤 영향이라도 미쳤을까? 그리고 기도가 어떤 식으로든 효과가 있다는 증거가 나타났을까?"라는 설명을 달았다. 본문 기사는 다음과 같다.

정확히 한 달 전, 교황은 전세계 종교 지도자들을 한자리에 불러 모아 평화를 위한 기도 모임을 가졌다. 이 획기적인 사건이 일어난 장소는 마침 "주여 나를 평화의 도구로 써주소서"라고 기도했던 성 프란체스코가 태어난 아시시였다.

그 후 한 달이 지났지만, 평화가 눈에 띄게 나타나고 있는 것 같지는 않다. 이스라엘과 팔레스타인 사람 수십 명이 사망했다. 라왈핀디의 회교 사원에서 예배를 드리던 사람들이 총격을 받고 숨졌다. 부시 대통령의 '악의 축' 발언 이후 정치적 이념 갈등에 대한 두려움이 한층 고조되고 있다. 짐바브웨는 세계 공동체로부터 더욱 멀어지고 있다….

기도가 어떤 기적적인 방식으로 응답되고 있다고 결론 내릴 수는 없어 보인다.*

왜 이 기사를 인용했는지 아는가? 이 기사는 기도에 대한 고양이 신자의 태도를 정확하게 보여주기 때문이다. "만일 기도가 어떤 기적적인 방식으로 응답되지 않는다면 내가 무엇하러 기도를 하겠어? 만일 하늘로부터 분명한 응답이 없다면 왜 기도를 하겠어? 어떤 거룩한 결과가 일어나지 않는다면 기도할 이유가 없는 거지. 왜 그런 소모적인 일을 해?"

우리는 앞으로 이 문제를 다룰 것이다.

성경에는 하나님의 직접적인 개입을 요청하는 161번의 기도가 기록되어 있다. 그 가운데 98번의 기도는 직접적인 응답을 받았다. '안 된다'는 응답을 받은 11번의 기도를 제외한다고 해도, 기

---

* Giles Wilson, "Does Prayer Work?" *BBC News Online*, February 27, 2002, http://news.bbc.co.uk/1/hi/uk/1844076.stm (2010년 4월 15일 접속).

도 응답을 받은 비율은 50퍼센트를 넘는다. 그렇다면 왜 고양이 신자들은 기도의 응답을 받지 못하는가? 왜 그들은 자신들의 상황에 개입하시는 하나님의 기적의 손길을 보지 못하는가?

한 가지 분명하고도 간단한 답이 있다. 그들이 기도에 응답하시는 하나님의 역사를 보지 못하는 이유는 그들이 기도를 적게 하기 때문이다.

둘째, 그들은 잘못된 동기를 가지고 기도한다.

셋째, 고양이 신자들은 하나님께서 무엇을 원하시는지 생각하지도 않고, 그분의 목적이 무엇인지 관심도 없으며, 그분이 행하시려는 일에 대해 아무런 깨달음이나 이해가 없다.

이 세 번째 이유는 나중에 더 자세히 살펴보기로 하자. 우선은, 성경에 기록된 한 가지 예를 간략하게 살펴보기로 하자. 그것은 예수님이 예루살렘에 올라가 받으실 고난에 대해 말씀하시자 베드로가 보인 반응이다. "베드로가 예수를 붙들고 항변하여 이르되 주여 그리 마옵소서 이 일이 결코 주께 미치지 아니하리이다"(마 16:22). 베드로는 고양이 신자들이 그러하듯 예수님이 조금 전에 설명하신 것처럼 이 충격적인 사건이 하나님의 뜻이며 하나님의 계획이라는 사실을 전혀 깨닫지 못했다. 바로 그 때문에 예수님은 베드로에게 "사탄아 내 뒤로 물러가라"(23절)고 대답하신 것이다.

우리는 얼마나 자주 베드로처럼 행동하고 있을까? 우리는 우리가 원하는 것의 정반대야말로 하나님의 계획일 수 있다는 사실을 생각해보지도 않은 채 하나님께 우리의 기도를 들어달라고 간청한다. 그뿐 아니라, 주위 상황을 살펴보면 우리의 반응 자체가 하나님의 뜻에서 한참 벗어나 있다.

너무 바빠서 기도할 수 없다

고양이 신자는 말한다. "그래요, 우리는 기도를 많이 하지 않아요. 하지만 만일 우리의 기도가 응답되지 않는다면 왜 기도를 해야 하나요?" 이 질문에 우리는 정반대의 질문을 제기할 수 있다. 어떻게 드려지지도 않은 기도에 하나님이 응답하실 수 있겠는가? 만일 우리가 "당신은 얼마나 자주 기도합니까?" 혹은 "당신은 기도하는 데 얼마나 시간을 보냅니까?"라는 질문으로 전국적인 조사를 한다면, 놀랄 만한 답변들이 많을 것이다.

그 질문을 인터넷에 올렸더니, 평균적으로 그리스도인들은 매일 3-7분 정도 기도를 하는데, 대부분은 식사 기도다. 목회자들은 그보다 약간 나아서 하루에 평균 5분 정도 기도한다. (고양이 신자와 똑같은 모습이 아닌가?)

이 문제를 잠시 생각해보자. 왜 우리는 하루에 평균 3분밖에 기도하지 않을까? 사람들이 말하는 일반적이고 보편적인 이유는 너무 바쁘다는 것이다. 혹시라도 고양이 신자들이 하나님께 시간을 드린다면 그것은 그날의 자투리 시간이다.

우리는 너무 바빠 조용히 하나님을 찾을 시간이 별로 없다. 그리고 대부분의 부모가 기도하지 않기 때문에 대부분의 자녀가 그 전철을 밟는다. 그들은 부모가 기도하는 모습을 보지 못했기 때문에 기도하지 않는다. (고양이는 고양이를 낳기 마련이다.) 게다가 요즘은 아이들도 바쁘다. 그래서 그들 또한 시간이 없다고 생각한다.

하나님은 분명히 말씀하신다. "너희가 얻지 못함은 구하지 아니하기 때문이요"(약 4:2). 간단히 말해, 만일 우리가 하나님께 움직여달라고 요청하지 않는다면 그분은 움직이지 않으실 것이다.

이 부분에서 솔직해지자. 만일 우리가 더 많이 기도드린다면, 기도가 더 많이 응답되는 것을 보게 될 것이다! 비록 흡족할 만큼은 아니더라도 확실히 많을 것이다. 그리고 만일 기도가 실제로 역사한다는 증거를 갖게 된다면, 앞으로 시간을 내서, 아니 시간을 만들어서라도 일과 가운데 기도에 더 많은 시간을 할애하지 않겠는가? 만일 기도가 정말로 효과가 있다는 사실을 알게 된다면, 기도 시간을 중심으로 자신의 모든 일정을 짜지 않겠는가?

원하는 것을 손에 넣기 원하지만 정작 부족한 것이 없다

고양이 신자들이 기도를 많이 하지 않는 또 다른 이유가 있다. 그들의 기도를 방해하는 것이 단지 분주함만은 아니다. 북미 지역에 거주하는 대부분의 사람들은 물질적으로 부족함이 별로 없다.

이 지역은 지구상의 다른 지역에 비해 부유하다. 때문에 주님께 나아가 "우리에게 일용할 양식을 주옵소서"라고 기도할 필요를 못 느끼는 것이다. 쇼핑센터에 가서 필요한 것을 구입하면 되니 말이다. 우리는 우리의 필요를 채우기 위해 다른 곳, 즉 정부나 은행 혹은 신용카드 회사를 찾아가도록 길들여져 있다. 대부분의 사람들은 그런 곳을 먼저 찾아가고 어디에서도 도움을 받지 못할 때에야 비로소 하나님께 나아간다.

그러나 대부분의 세상 사람들은 그렇지 못하다. 당신이 이 책을 읽고 있는 동안에도 지구 반대편에서는 매일 아침마다 가족이 먹을 양식을 구하기 위해 거리를 헤매는 부모들이 수없이 많다. 만일 그들이 기도한다면 우리가 기도하는 평균 3분보다 더 많이 할 것은 분명하다! 많은 이들이 의심 없이 쉬지 않고 기도하기를 그치지 않을 것이다. 굶주림은 주님의 공급하심을 바라보게 하는 도구가 된다.

필요한 것이 없을 때 우리는 기도할 동기를 잃어버린다. 우리에게 아무런 위기나 재앙이 일어나지 않는 한, 우리는 겨우 하루 3분 동안 하던 일을 멈추고 하나님을 찾아가 우리가 그분을 생각하고 있으며 날마다 충성하고 있다는 것을 알린다.

원하는 것을 구하는가?
아니면 필요한 것을 구하는가?

부모들은 자녀들이 갖고 싶다고 졸라대는 장난감이나 옷, 혹은 최신 유행품들에 대해 잘 알고 있다. 자녀들에게는 그것이 '필요하다!'(아이들은 그렇게 말한다.) 자녀를 사랑하는 부모들은 이런 간청을 자주 들어주지만, 꼭 필요하다던 그 물건들이 며칠 만에 그들의 뒷전으로 밀려나는 것을 자주 목격한다. 아이들에게 '필요한' 것들이 실제로는 전혀 필요한 것이 아니었다. 그것은 단지 원하는 것이었으며, 일시적으로만 만족감을 주는 것이었다.

제럴드의 어머니는 고양이 신자들의 상태를 잘 설명해주는 격언을 간혹 말씀하신다. "나는 내가 원할 때 원하는 것을 얻어야 직성이 풀린다. 그러나 정작 그 원하던 것을 얻으면 그것은 더 이상 내가 원하는 것이 아니다. 결국 나는 내가 원했던 그것을 정말로 원하지는 않았던 것이다." 고양이 신자의 기도가 이와 같다. 그들은 그 당면한 욕구가 성취되기를 고대하지만, 사실 그것은 그들이 정말로 필요로 하는 것이 아니며, 또한 그것이 오랫동안 자신을 만족시켜주지 못하리라는 사실을 알지 못한다.

심지어 우리는 원하는 것을 위해서조차도 하나님께 나아가지 않을 때가 있다. 그 대신, 우리 스스로 방법을 모색하려 한다. 우리 문화에서는 원하는 것을 얻기 위해 하나님께 나아가기보다 채권자를 찾아가는 경우가 더 많다.

그렇다면 우리는 인생에서 부록과 같은 것들을 위해 기도해야 하는가? 그런 요청에 하나님이 응답해주시겠는가?

반드시 그렇지는 않다. 대개의 경우, 하나님의 공급하심을 바라는 우리의 요청에 대한 긍정적인 응답은 우리가 무엇을 구하느냐가 아니라 그것을 왜 구하느냐에 달려 있다.

간구, 그 이면의 동기

성경에 나오는 자기 자신을 위한 기도들의 경우 그것이 반드시 이기적이거나 자기중심적인 것만은 아니다. 그런 기도들에는 안전, 지혜 그리고 육체적인 필요처럼 중대한 관심사와 생존을 위한 절대적인 필요들이 많다. 우리가 성경에서 만나는 기도는 야고보가 다음과 같이 꾸짖은 것과 매우 다르다. "구하여도 받지 못함은 정욕으로 쓰려고 잘못 구하기 때문이라"(약 4:3). 여기서 동사 "구하다"는 헬라어 가운데 중간태로 쓰였는데, 그 의미는 "자신을 위해 구하다"이다. 바꾸어 말하면, 우리는 탐욕과 이기심으로 기도하고 있으며, 그래서 기도에 들이는 시간과 집중력에도 불구하고 그에 대한 응답을 받지 못하는 것이다.

실제로, 야고보가 사용한 말 가운데 "쓰다"는 말은 "낭비하다"로 번역하는 것이 더 좋다. 그리고 정욕이라는 말은 쾌락주의를 가리키는 영어 hedonism의 어원이기도 하다. 고양이 신자의 기도는 한마디로 '쾌락에 탕진하는 것'이라고 설명할 수 있다.

야고보가 하려는 말은 이렇다. "하나님이 쾌락에 탕진하려는 것을 공급하시리라 기대하지 말라. 당신의 기도가 응답받지 못하는 것은 그것이 자기중심적이고 이기적이기 때문이다."

어떤 고양이 신자들은 하나님의 뜻이 무엇인지 그리고 자신의 이기적인 행위가 다른 이들에게 어떤 영향을 끼칠지 조금도 고려하지 않고 자기가 원하는 것은 무엇이든 구하라는 가르침을 받는다. 그들은 그것이 하나님의 자녀인 자기들의 권리며, 하나님이 그런 기도에 얼마나 복을 부어주시는지를 보여주는 많은 증거들이 있다고 배운다.

그리고 설령 하나님께서 그런 기도에 대해 경고하신다고 해도 우리는 여전히 그런 기도를 드린다. 왜냐하면 우리는 이미 고양이 신자의 길로 들어섰기 때문이다.

다투는 두 본성

성경은 그리스도인에게 두 가지 본성이 있다고 말한다. 우선, 바울이 "하나님과 원수"가 되며 "육신에 속한"(롬 8:7, 고전 3:3) 것이라고 말하는 옛 본성이 있다. 이것이 우리가 말하는 고양이 신앙이다. 그것은 그리스도 밖에 있는 사람에게 존재하는 자연 인격을 말한다. 그 자체는 추하고 독선적이며 이기적이고 자신만을 위해 살아간다. 그리고 그 본성을 따라 하나님을 기쁘시게 하는 것보다는 자기를 기쁘게 하는 일들을 행한다.

반면 어떤 사람이 그리스도인이 되면, 그는 "새로운 피조물"(고후 5:17)이다. 새로운 본성을 가진 인격이 된다. 아버지의 씨가 어머니에게 심겨졌을 때 아기가 태어나듯이, 하나님은 성령을 통하여 우리 안에 들어오셔서 새로운 생명을 탄생시키신다. 이런 이유로 그리스도인들은 거듭났다고 하는 것이다.

불행히도, 이 새로운 본성은 아직 충분하게 성숙하지 못하며, 옛 본성을 모두 내쫓지도 못했다. 우리 안에는 서로 다투는 두 본성이 여전히 남아 있다. 우리는 옳은 일을 하는 대신 잘못된 것임을 알고도 그것을 선택하려는 순간 이 내부의 갈등을 감지한다. 바울은 그것을 이렇게 묘사하고 있다. "내가 행하는 것을 내가 알지 못하노니 곧 내가 원하는 것은 행하지 아니하고 도리어 미워하는 것을 행함이라"(롬 7:15). 성경은 더 나아가 이렇게까지 말씀한다. "그리스도 예수의 사람들은 육체와 함께 그 정욕과 탐심을 십자가에 못 박았느니라"(갈 5:24). 그렇지만 성경은 또한 우리가 옛 본성에 속한 모든 것을 죽여야 한다고 말씀한다(골 3:5). 그것이 우리 안에 살아 있지 않다면 어떻게 그것을 죽일 수 있겠는가? 그것이 십자가에 못 박혔다면 어떻게 살아 있을 수 있겠는가? 어떻게 이 두 문장이 동시에 참일 수 있는가?

우리의 옛 본성이 십자가에 못 박혔다는 것은 옛 본성이 더 이상 우리 삶에 유일한 권력자이거나 의사결정자가 아니라는 뜻이다. 우리가 그리스도를 알기 전에는 죄가 우리를 지배했다. 우리는 마치 길들여지지 않은 야생동물이 그렇듯 죄가 우리를 이끄는 대로 아무 생각 없이 행동했다.

그러나 이제 새로운 본성을 소유한 그리스도인이 된 우리는 성령님과 연합하였고, 그분은 우리를 진리로 인도하시며, 우리가 하늘 아버지의 뜻에서 벗어나 방황하면 그 사실을 알게 하신다. 우리는 이 새로운 본성이 우리를 다스리게 할 수 있으며, 그렇게 할 때 옛 본성은 뒷전으로 물러나게 된다.

다시 한 번, 갈라디아서 5장은 이에 대해 말씀한다. "내가 이르노니 너희는 성령을 따라 행하라 그리하면 육체의 욕심을 이루지 아니하리라 육체의 소욕은 성령을 거스르고 성령은 육체를 거스르나니 이 둘이 서로 대적함으로 너희가 원하는 것을 하지 못하게 하려 함이니라"(16-17절). 이 두 본성은 서로 충돌한다. 주도권을 잡으려고 다툰다. 당신은 어느 본성이 그 싸움에서 이기게 할지 결정할 수 있고, 그에 따라 당신의 삶이 하나님의 능력에 의해 살아갈지 혹은 당신 자신의 힘으로 살아갈지가 결정된다. 우리 안에서 벌어지는 이 싸움은 우리 자신과 벌이는 싸움으로 설명할 수 있는데, 바로 강아지와 고양이의 싸움인 것이다!

바울은 이 상황을 '언덕 위의 왕'(King of the Hill)이라는 아이들의 놀이와 같은 것으로 묘사한다. 그 놀이는 한 사람이 작은 둔덕 위에 서서 자신이 언덕 위의 왕이라고 선언한다. 그러면 다른 사람들은 그를 왕좌에서 밀어내고 자기가 새로운 왕이 되려고 힘을 쓰는 것이다. 이것은 우리 안에서 서로 다투고 있는 두 본성을 잘 표현해준다. 그래서 바울은 이렇게 말했다. "너희가 만일 성령의 인도하시는 바가 되면 율법 아래에 있지 아니하리라"(18절).

성경은 우리가 의사결정 과정을 거치면서, 심지어 무엇을 기도할지 선택하는 가운데서도 겪게 되는 고통을 잘 알고 있음이 분명하다. 그렇다. 우리는 주어진 기회를 허비하는 이기적인 기도, 곧 세상의 욕망을 위해 기도할 수도 있는데, 바로 그 이유 때문에 많은 기도가 응답을 받지 못하는 것이다. 심지어 우리가 기도 가운데 하나님께 초점을 맞추고 그분을 의지하는 것처럼 보이더라도 우리의 옛 본성은 그분의 시선과 보살핌과 능력의 초점을 우리 자신에게 향하게 만들고 만다. 고양이 신자들은 이렇게 묻는다. "어떻게 하면 하나님이 나를 위해 무엇을 하시도록 만들 수 있을까? 어떻게 하면 하나님이 내게 무엇을 주시게 할 수 있을까? 어떻게 하면 하나님이 내 인생을 좀 더 안전하고, 쾌적하고, 안락하고, 편안하게 만드시게 할 수 있을까?"

서로 싸우고 있는 두 마리 개가 있다. 몸집도 같고 사나운 것도 같은 두 마리 중 무엇이 이기겠는가? 당신이 먹이를 더 많이 주는 쪽이다. 그렇다면 당신의 기도 생활에서 세속적인 본성과 거룩한 본성 중 어느 쪽이 승리하겠는가? 당신이 먹이를 더 많이 주는 쪽이다.

신학 용어 가운데 '성화되다'라는 말은 '구별되다' 혹은 '거룩하다'는 의미를 갖고 있다. 하나님은 그분 자신을 위해 우리를 구별하셨으며, 그분은 우리가 우리 자신을 세상의 욕망들로부터 구별하기 원하신다. 성화는 새로운 본성이 우리의 삶과 생각과 기도와

여러 가지 선택들을 더 많이 주관하게 함으로써 거룩해져가는(그리스도를 닮아가는) 과정을 가리킨다. 그러나 이 시대의 문화는 우리의 이기적인 옛 본성에 더 많은 양분을 공급하는 방향으로 나아가고 있다. 거의 모든 광고는 우리에게 없는 무언가를 원하도록 자극하려고 제작되고 있으며 그 효과는 매우 크다. 우리는 의식하지 못하는 사이에 세속적인 자극과 나 중심이라는 식이요법에 매일 노출됨으로써 우리의 옛 자아에 먹이를 준다. 반대로 우리의 새 본성은 굶주림에 시달린다.

그 결과, 우리의 기도는 하나님이 아니라 우리 자신 그리고 하나님의 뜻이 아닌 우리의 욕망과 우리의 계획에 초점이 맞추어진다. 우리의 기도에는 수없이 많은 '내가', '나를' 그리고 '나의'라는 말이 담겨 있다. 야고보가 묘사한 것처럼, 우리의 기도는 결국 쾌락적인 방탕을 위한 것이며 하나님은 그런 것들에 응답하지 않으신다.

> **이 장의 교훈**
>
> 그토록 많은 우리의 간구와 중보 기도가 응답받지 못하는 이유는 고양이 신자의 기도 방식 때문이다. 첫째, 고양이 신자는 기도를 많이 하지 않는다. 둘째, 고양이 신자의 기도는 이기적이다.

2장

강아지 성도와
고양이 신자의 기도,
무엇이 다른가

우리는 1장에서 고양이 신자는 기도를 많이 하지 않으며, 설령 하더라도 그들의 기도는 짧고 이기적이라는(고양이 신자의 기도를 한마디로 표현하는 말) 사실을 배웠다. 하나님은 드려지지 않은 기도나 이기적으로 낭비되는 기도에 응답하지 않으신다. 그런 기도는 고양이 신자들이 가장 자주 드리는 기도이기에 그들은 하나님이 기도에 응답하지 않으신다는, 기도는 아무 소용 없는 것이라는 생각에 빠진다.

　우리는 이 책에서 기도와 관련된 두 번째 중요한 기회를 제공하고자 한다. 즉, 정말로 응답받는 기도를 하는 방법, 고양이 신자의 기도에서 강아지 성도의 기도로 바꾸는 방법을 말이다.

　그러나 한 가지 분명한 것은, 강아지 성도라고 해서 기도의 특별한 암호나 주문, 혹은 특별한 문구나 비밀 단추를 갖고 있지 않다는 점이다. 만일 당신이 찾는 것이 그런 것이라면 이 책이든, 다른 어디에서든 찾을 수 없을 것이다. (고양이 신자들은 이 말을 들어도 자기가 원하는 것을 가져다줄 기도의 지름길 같은 것을 계속 구하고 찾을 것이다.)

그렇다면 우리의 기도를 더욱 효과적으로 만드는 것은 무엇일까? 예수님의 제자들 역시 동일한 질문을 품고 있었고, 그래서 예수님께 여쭈었다. "주여 요한이 자기 제자들에게 기도를 가르친 것과 같이 우리에게도 가르쳐 주옵소서"(눅 11:1). 하나님은 우리를 당신과 대화하도록 초대하시며, 우리에게 그 특권을 주실 뿐 아니라 또한 기도하라고 명령하신다는 사실을 기억하라. 하나님은 기도에 응답하겠다고 약속하신다. 만일 응답하지 않으신다면 그것은 우리의 잘못 때문이지 그분의 책임이 아니다.

예수님은 제자들에게 (그리고 우리에게) 기도하라고 가르치셨을 때 하나님의 '기도 금고'에 접근할 수 있는 비밀 언어나 암호, 혹은 숫자의 조합을 알려주지 않으셨다. 대신, 하나의 모범 혹은 틀을 제시하셨고, 그것을 본보기로 삼고 따르라고 말씀하셨다. 그러나 정확히 이 문구대로 기도하라고 하신 것이 아님을 명심하라. 그분은 이렇게 말씀하셨다. "너희는 이렇게(in this way) 기도하라"(마 6:9). 요지는 이것이다. "만일 너희가 효과적이고 응답 있는 기도를 원한다면 너희 기도의 기본이 될 주제 혹은 원리는 바로 이것이다. 너희가 그렇게 한다면 너희 기도는 아버지 하나님을 기쁘시게 할 것이다."

고양이 신자와 강아지 성도 모두의 눈이 반짝일 것이다. 고양이 신자들은 자신들이 원하는 바를 하나님께서 주시도록 설득할 수 있기 때문이고, 강아지 성도들은 하나님의 목적을 위해 하나님께 쓰임받을 수 있기 때문이다. 예수님이 가르쳐주신 기도의 틀, 때로는 모범 기도문이라고 불리는 내용을 분석해보면 우리에게 필요한 해답 역시 발견하게 될 것이다(마 6:9-13). 이제 우리는 '한 구절씩 기도하기'를 해볼 것이다. 그것은 그 모범 기도를 한 구절씩 살펴보면서 효과적인 기도를 위해 예수님이 가르쳐주신 원형을 찾아가는 것이다. 그 기도문은 "하늘에 계신 우리 아버지여"로 시작한다.

"하늘에 계신 우리 아버지여"

강아지 성도들은 무엇보다 먼저 자신의 기도는 하나님, 곧 우리와 더 가까운 관계를 맺기 원하시는 분께 드리는 것임을 분명히 인식하고 시작한다. 우리는 그분께 나아가 그분이 우리의 아버지라고 부른다. 아이들이 그 부모를 의지하는 것처럼 우리 역시 하늘 아버지께 전적으로 의지해야 한다. 우리가 기도하는 대상이며 우리가 의지하는 분은 오직 하나님 한 분뿐이다. 그분은 마치 이땅의 부모들이 자기 자녀들을 사랑하는 것처럼 당신 자녀인 우리를 사랑하신다. 그분은 마치 이땅의 부모들이 자기 자녀에게 필요한 것을 공급해주듯이 우리에게 필요한 것들을 공급하신다. 그분은 마치 이땅의 부모가 그러듯 우리를 가르치시고, 훈련시키시며, 성숙하도록 도와주기를 원하신다. 이것은 멀리 떨어진 관계가 아닌 사랑의 결합이다.

강아지 성도들은 만일 하나님이 행동하지 않으시면 아무 일도 일어나지 않는다는 사실을 잘 알고 있다. 그분이 아니면 그들이 무엇을 해도 그들의 기도는 응답되지 않을 것이다!

나(밥)는 이 글을 쓰면서 폭설로 마비된 뉴욕 공항에 앉아서 집에 가려고 애쓰고 있다. 내가 참석할 세미나는 취소되었다. 나는 다음 주에 해외로 나갈 예정이지만 비자에 문제가 생겼다. 그래서 내가 할 수 있는 일은 모두 했다. 전화도 걸고, 물어도 보고, 논쟁도 벌였지만 결국 실망하고 스트레스만 잔뜩 받았다. 내 아내 역시 똑같은 고통을 겪었다. 이제껏 그리스도인으로 살아왔는데도 이 시점에서 모든 것을 멈추고 나와 하나님 아버지와의 관계를 기억해내고 새로이 정립해야 했다. 나는 날씨를 주관할 수 없지만, 그분은 하실 수 있다. 나는 내 비자와 관련해서 아무것도 할 수 없지만, 그분은 하실 수 있다. 그리고 바로 지금 나는 그분 안에서 안식하는 법을, 그분을 전적으로 의지하는 법을 배우고 있다.

이제 모범 기도의 두 번째 구절로 넘어가자.

"이름이 거룩히 여김을 받으시오며"

거룩히 여김을 받는다는 말은 "공경하다, 거룩하다고 여기다, 신성한 것으로 간주하다"라는 의미다. 이 말은 강아지 성도들에게 모든 것은 하나님을 중심으로 돌아간다는 사실을 일깨워준다. 왜냐하면 오직 그분만이 거룩하시고 신성하시기 때문이다. 그분은 높임을 받아 마땅하시다. 그분의 이름은 다른 모든 것보다 높이

들려야 한다. 아버지-아들 관계라는 맥락에서 보면 이것은 사랑의 결합이다. 우리는 하나님의 이름을 공경하고 그분을 찬양한다. 왜냐하면 우리는 그분을 흠모하고 존중하며 두려움으로 그분 앞에 서기 때문인데, 이것은 단지 그분이 전능하시기 (권세가 무한하시기) 때문이 아니라 그분을 사랑하기 때문이다.

이 처음 두 구절을 하나로 합해보자. "하늘에 계신 우리 아버지여 이름이 거룩히 여김을 받으시오며." 강아지 성도들은 기도를 시작하면서 하나님의 성품과 그분과의 관계에 대해 찬양과 경배드리는 법을 배운다. 강아지 성도들은 그분의 위엄을 찬양하고 그분이 하시는 일들을 경배하면서 그분께 영광을 돌린다. 그리고 그렇게 엄위하시고 위대하신 분이 아버지, 곧 우리 아버지로 인식되어야 한다. 우리가 그분을 우리의 아버지로 인정할 때 우리는 또한 그분께 의존하고 있음과 그분과의 관계를 인정하게 된다.

우리는 세상을 살며 우리 자신, 우리의 능력, 우리의 노력, 우리의 연줄을 의지하는 경우가 대단히 많다. 그리고 이 모든 것이 실패할 때에야 비로소 기도를 드린다. 마치 이 사실을 목회자들이 아무리 자주 가르쳐주어도 하나님은 우리가 이 사실을 다시 배울 수 있는 상황을 허락하시는 것 같다. (나는 아직도 눈 때문에 꼼짝 못하고 공항에 갇혀 있다!)

"나라가 임하시오며"

강아지 성도들은 하나님이 우리 아버지이실 뿐 아니라 또한 왕이심을 잘 알고 있다. 그것도 단순한 왕이나 우리 왕이 아니라 왕 중 왕이라는 사실을 말이다! 왕이신 그분은 왕국을 갖고 계시다. 그리고 만일 강아지 성도들이 그분의 나라가 임하기를 요청한다면 그들은 반드시 그 사실에 동의해야 한다. 그들은 그 나라를 갈망해야 하고 그 나라와 연합해야 한다. 그들의 생각, 그들의 애국심, 그들의 충성은 반드시 그 나라와 함께하는 것이어야 한다.

우리는 "나라가 임하시오며"라고 기도하기 전에 깊이 있는 자기 점검이 필요하다. 우리는 하나님의 나라에 헌신되어 있는가? 그것이 우리의 가장 큰 바람인가? 우리의 충성은 그 나라의 가치관과 일치하는가? 단지 기억에 떠오른 말을 반복하는 것으로는 소용이 없다. 그 말을 한다고 우리가 그 의미에 완전히 부합하는 것은 아니다.

이사야는 하나님께 이렇게 고백했다. "주님의 이름과 주님의 명성을 우리 영혼이 갈망합니다"(사 26:8, NIV). 당신도 그렇게 말할 수 있는가? 당신의 마음과 영혼은 그분이 왕, 당신의 왕, 왕 중 왕이시기를 고대하는가? 당신이 가장 갈망하는 것, 그리고 당신이 기꺼이 죽을 수도 있는 그것이 바로 그분의 나라가 세워지는 것인가? 그와 똑같이 혹은 더욱 중요한 사실은 당신이 그 나라를 위해 살 수 있는가 하는 것이다.

고양이 신자들은 이런 질문에 쉽게 예라고 대답하며, 어쩌면 그들의 말은 진심일 수도 있다. 그렇지만, 나(제럴드)의 경우 그 말이 내 마음에서 나온 적은 없고 항상 머리에서 나왔다. 나는 내게 그 말을 해야 한다는 책임이 있고, 그 말에 진정을 담아야 한다는 것도 알고 있다. 그런 식으로 진정을 담기는 했겠지만 마음에서 우러나온 것은 아니었다.

진실한 마음으로 이것을 원해야 한다는 것은 고양이 신자들에게 하나님과 새롭게 사랑에 빠지는 법을 배울 필요가 있다는 의미다.

"뜻이 하늘에서 이루어진 것 같이
땅에서도 이루어지이다"

왕에게는 신하, 곧 그에게 충성을 맹세한 충성스러운 신하들이 있다. 이것이 바로 예수님이 모범 기도의 이 구절에서 말씀하시려는 내용이다. 이것은 하나님의 왕 되심을 인정하는 것 이상을 가리킨다. 예수님은 하나님께 기꺼이 그리고 자발적으로 복종하는 주 되심에 관해 말씀하고 계신다.

하나님의 주 되심을 인식하는 것과 그에 복종하는 것은 완전히 별개다. 예를 들어, 한 정당에 가입하여 활동할 것을 고려한다고 해서 그것이 그 정당의 목적에 전적으로 복종하는 것을 의미하지는 않는다. 당신의 투표권은 그 정당의 강령과 일치할 수도 있고, 그 정당이 정권을 차지하기를 원할 수도 있지만, 만일 재정을 후원

해달라고 요청을 받는다면 흔쾌히 "얼마가 필요한지 말씀하세요, 얼마든지 부담하겠습니다!"라고 말하기는 쉽지 않을 것이다. 지지와 복종 사이에는 큰 차이가 있다.

이 사실을 인식하고 있으면 모범 기도문의 이 구절을 더 잘 이해할 수 있다. 강아지 성도들은 이 구절을 온전한 그리고 자발적인 복종으로 인식한다. "나라가 임하옵소서!"

"오늘 우리에게 일용할 양식을 주시옵고"

여기서 초점이 이동한다. 하나님께로부터 우리에게로. 고양이 신자들은 기도의 이 부분에 가까워지면 이런 유혹을 받는다. '이 부분이 바로 내게 필요한 모든 것을 말씀드리는 곳인가?'

우리의 필요, 욕구 그리고 개인적인 소원들이 언급되기도 전인데 벌써 기도가 절반 정도 완성되었다는 사실을 명심하라. 심지어 중보 기도(우리 자신이 아니라 다른 사람 혹은 다른 일을 위한 기도)일지라도 그에 대한 우리의 소원을 아뢰기에 앞서 하나님의 존재를 인정하고, 그분께 합당한 자리를 인식하며 그리고 그분에 대한 기꺼운 복종의 고백으로부터 시작한다.

기도의 주제를 하나님께서 이 땅에 그분의 나라를 세우시는 것으로부터 우리의 일상적인 필요로 전환시키는 일은 별과 별 사이의 공간 이동만큼 큰일이 아니다. 이 기도를 모범으로 보여주신 예수님께 주의력 결핍 장애가 있는 것이 아니다. 그분은 즉흥적으로 주제를 바꾸신 것이 아니다. 하나님 나라를 세우는 것과 우리가 날마다 복종하는 것 그리고 그분께 의지하는 것은 서로 연결되어 있다.

제럴드의 아내 샤론은 대화 중간에 갑자기 다른 화제로 이야기를 전환하는 습관이 있다. 제럴드의 입장에서 보면 그 대화는 아닌 밤중에 홍두깨처럼 갑자기 튀어나왔다가 또 언제라도 방향이 틀어지는 놀이공원의 범퍼카처럼 느껴졌다. 모범 기도는 그렇지 않다! 예수님은 갑자기 주제를 전환하신 것이 아니다. 이 땅에 하나님 나라를 세우는 일에는 원래부터 그분의 백성을 모집하고 유지하는 일이 포함되어 있는 것이다. 하나님께서 우리의 절대적인 필요들을 채워주실 때에만 우리는 그 나라를 세울 수 있다.

밥의 가족에게는 현재 건강에 어려움을 겪고 있는 안나라는 이름의 친구가 있다. 그녀는 먹는 것을 극도로 조심해야 하는데 그렇지 않으면 어느새 극심한 통증이 몰려오고 손가락 하나 까딱할 힘도 없게 된다. 전에 그녀를 위한 기도는 대개 이런 식이었다. "주님, 안나를 치료하셔서 그녀가 힘과 기운을 차릴 수 있게 해주시고, 다시는 이런 어려움 없이 힘차고 충만한 삶을 살 수 있게 해주십시오." 우리는 하나님께서 분명 그녀를 고치실 수 있고 또한 그녀를 치료하셔서 그녀가 보통 사람처럼 살 수 있게 해주실 거라고 생각했다. 그러나 그 기도에는 부족한 점이 있었다. 그것은 하나님 나라와 연결되지 않았다는 것이다. 그렇다. 우리는 안나를 위해 기도했다. 또한 우리의 간구를 공개적으로 표현했다. 그리고 날마다 하나님께 의존했다. 그러나 무언가 빠진 것이 있었다. 하나님의 목적과 하나님 나라와의 연결고리였다.

이제 안나를 위한 우리의 기도는 달라졌다. 지금은 그 나라와 연결이 되고 있다. "주님, 안나는 당신 나라의 백성이며, 당신은 그녀가 그 나라를 세우는 일에 일익을 감당하도록 계획하셨습니다. 그렇지만 이렇게 아프고 힘이 없는데 어떻게 그 일에 온전히 몰두하고 적극적으로 참여할 수 있겠습니까? 당신의 크고 거룩한 이름을 위하여, 그리고 그녀가 당신의 나라를 세우는 데 일조할 수 있도록 구하오니 그녀를 치료해서 그녀가 당신의 이름을 높이는 일을 할 수 있게 해주십시오."

우리가 앞서 펴낸 책 『강아지 성도 고양이 신자』(*Cat & Dog Theology*, 디모데)에서 제럴드는 자신이 이 교훈을 특이한 상황 속에서 배워야 했던 일을 언급했다. 제럴드는 강아지를 데리고 산책을 하고 있었다. 그러다가 한 텔레비전 프로그램의 시작을 놓치지 않으려고 집으로 급히 돌아가고자 했다. 강아지에게 앞으로 먼저 달려가 "볼일을 보라"고 격려했다. 그러나 강아지에게 문제가 생겼다. 강아지의 몸 상태는 제럴드의 기대에 호응하지 못했다. 강아지는 걷다가 멈추고는 주저앉았고 아무것도 하지 않았다. 제럴드는 계속해서 앞으로 걸었지만, 강아지는 멈추었다가 주저앉은 채 아무것도 하지 않기를 반복했다. 제럴드는 순간적으로 화가 나 중얼거렸다. "하나님, 제발 우리 강아지가 볼일을 봐서 제가 텔레비전을 볼 수 있게 해주십시오!"

바로 그 순간 그의 기도는 얼마나 어리석고 이기적인 기도가 되었는지 모른다. 그는 하나님께서 시간과 공간을 초월하시기를, 이 세상이 움직이는 일반적이고 상식적인 방식을 방해하여 강아지가 볼일을 보고 그래서 자기가 텔레비전을 볼 수 있게 해달라고 요청한 것이다. 그리고 그때가 하나님께서 제럴드에게 기도하는 법을 가르쳐야겠다고 결심하신 순간이다. 제럴드는 한참 동안 생각하고 성찰하고 심사숙고한 뒤에 이렇게 기도했다. "하나님, 당신은 이렇게 아름다운 별이 빛나는 밤을 만드셨습니다. 구름도 투명하고 분위기도 멋집니다. 또한 사람인 우리를 진정 놀랍도록 만드셨습니다. 모든 피조물이 당신의 영광을 드러냅니다. 그렇지만 아버지, 오늘 밤 당신의 설계, 당신의 독창성 그리고 당신의 영광이 이 작은 강아지를 통해서는 보이지 않고 있습니다. 그의 몸은 당신이 부여하신 영광을 반영하지 못하고 있습니다. 그리고 당신이 설계하신 방식대로 기능을 발휘하지 못하고 있습니다. 그러므로 당신의 영광을 위해, 이 강아지가 당신의 솜씨와 당신의 나라를 드러내도록 그 몸을 고쳐주시겠습니까?"

마침내 강아지는 볼일을 봤다. 제럴드는 집으로 갔고 그날 텔레비전을 보았는지는 기억하지 못하지만, 마침내 하나님과 그분의 나라를 마음에 담고 기도하는 법을 배웠던 그날 밤은 확실히 기억하고 있다.

분명히 어떤 이들은 이 예화가 세련되지 못하고 거칠다고 생각할 것이다. 그 점에 대해서는 미안하게 생각한다! 그러나 하나님은 우리에게 중요한 교훈을 가르치시려고 어떤 상황이라도 사용하실 수 있다. 우리가 배워야 할 교훈은 우리의 기도를 하나님 나라와 연결시키는 것이다.

그렇다면 우리는 무엇을 구해야 하는가? 고양이 신자와 강아지 성도 모두의 관심 사항일 것이다. 그렇다면 예수님이 보이신 모범은 자세히 살펴볼 가치가 있다. 그분은 무엇을 구하라고 말씀하셨는가? 우리의 "일용할 양식"이다.

어떤 사람들은 이렇게 되물을 것이다. "일용할 양식이라고? 그렇다면 내가 원하는 자동차나 집 그리고 그 밖의 다른 것들은? 무엇보다, 나와 직접 관련된 것들은?" 이 기도가 말하고 있는 것을 솔직하게 설명하자면 다른 여분의 것들은 전혀 언급되지 않는다. 오직 필요한 것들뿐이다. 고양이 신자들이 실망하는 소리가 들리는 것 같다.

그리고 필요는 매일 공급되어야 한다는 사실에 주목하라. 마치 구약시대에 하나님께서 이스라엘 백성에게 공급하셨던 만나와 같다. 만일 그들이 하루에 필요한 양보다 더 많이 거두어들이면 그 여분은 벌레가 생기고 냄새가 났다(출 16:16-20). 하나님이 그들에게 만나를 하루 단위로 공급하신 것은 그들로 하여금 하나님만이 그들의 유일한 공급자이심을 의지하고 인정하게 하시려는 목적이었다. 만일 그들이 만나를 저장해두고 먹을 수 있었다면 하나님의 공급이 때마다 필요하다는 사실을 망각했을 것이다. 이와 동일하게 그리스도께서는 우리에게 "일용할 양식", 즉 삶의 절대적인 필요들을 위해 매일 하나님을 의지해야 하는 사실을 강조하신 것이다. 이것은 우리의 욕망이나 욕구, 물품 목록, 혹은 장기적인 목표나 추구하는 꿈들을 말하는 것이 아니다. 예수님은 하나님께 전적으로, 매일매일, 온전히 그리고 절대적으로 의지해야 한다는 사실을 지적하신 것이다. 이것은 우리 삶에 본질적인 것들로, 그것이 없다면 우리는 죽을 수밖에 없는 것들을 구하는 것이다.

고양이 신자들은 앞장에서 살펴본 것처럼 기도할 때 이 부분에 별다른 주의를 기울이지 않는다. 왜냐하면 그들에게 본질적으로 필요한 것들이 매일매일 충족되고 있기 때문이다. 그들이 저축하거나 저장하거나 혹은 쌓아두지 못하는 것들은 거의 없다.

대부분 주기도에서 이 부분을 놓친다. 왜냐하면 우리의 생명을 유지시켜주는 기본적인 물품들 때문에 날마다 하나님을 필요로 하는 상황이 거의 없기 때문이다. 빵? 그냥 가게에서 구입하면 된다. 더구나 얼마든지 보존할 수 있기 때문에 매일 사러 갈 필요도 없다. 그러니 언제라도 얻을 수 있고 쉽게 구할 수 있는 것들을 위해 기도할 필요가 있겠는가? 그러나 그럼에도 이 기도는 필요하다. 우리의 모든 것이 하나님께 의지하고 있음을 날마다 인식하지 못한다면 우리의 소유가 그분과 상관없이 생긴 것이라고 믿게 될 것이기 때문이다.

이것은 인간에게 특별한 상황이거나 하나님께 놀랄 만한 일이 아니다. 그분은 이스라엘 백성이 약속의 땅에 들어가기 전에 이미 이 점을 경고하셨다.

> 네 하나님 여호와께서 네 조상 아브라함과 이삭과 야곱을 향하여 네게 주리라 맹세하신 땅으로 너를 들어가게 하시고 네가 건축하지 아니한 크고 아름다운 성읍을 얻게 하시며 네가 채우지 아니한 아름다운 물건이 가득한 집을 얻게 하시며 네가 파지 아니한 우물을 차지하게 하시며 네가 심지 아니한 포도원과 감람나무를 차지하게 하사 네게 배불리 먹게 하실 때에 너는 조심하여 너를 애굽 땅 종 되었던 집에서 인도하여 내신 여호와를 잊지 말고…내가 오늘 네게 명하는 여호와의 명령과 법도와 규례를 지키지 아니하고 네 하나님 여호와를 잊어버리지 않도록 삼갈지어다 네가 먹어서 배부르고 아름다운 집을 짓고 거주하게 되며 또 네 소와 양이 번성하며 네 은금이 증식되며 네 소유가 다 풍부하게 될 때에 네 마음이 교만하여 네 하나님 여호와를 잊어버릴까 염려하노라. 신명기 6:10-12, 8:11-14

이것은 고양이 신자의 마음과 생각에 원래부터 그리고 항상 도사리고 있는 위험요소이며, 하나님과의 관계에 막대한 영향과 결과를 미친다.

우리가 이 모범 기도문에서 우리 자신을 위해 구하는 것과 하나님을 인정하는 것이 서로 연결되어 있음을 깨닫는다면 우리가 드리는 기도의 동기가 무엇인지 질문을 던져야만 한다. 그래서 다음과 같은 점들을 고려하여 우리가 간구하는 내용을 점검해야 한다.

- 나는 내게 꼭 필요한 것을 구하고 있는가?
- 이 간구는 내가 하나님을 의지하고 있음을 드러내는가?
- 이 간구는 하나님 나라를 세우는 일과 연결되는가?

이렇게 기도와 마음을 점검하는 일을 기도 생활의 규칙적인 일부분으로 삼으면 기도가 더욱 효과적이고 능력 있으며 더 자주 응답되는 것을 경험하게 될 것이다. 축하한다! 당신은 강아지 성도처럼 짖는 법을 배운 것이다!

그다음으로, 예수님의 모범 기도는 용서에 대해 말한다.

"우리가 우리에게 죄 지은 자를 사하여 준 것 같이
우리 죄를 사하여 주시옵고"

이 문장을 영어성경 NIV는 이렇게 표현한다. "Forgive Us Our Debts, as We Also Have Forgiven Our Debtors." 내가 기억하고 있는 어느 영어 역본은 "빚"(debt)이라는 낱말 대신 "불법침입"(trespasses)이라는 낱말을 사용한다. 이 말은 다른 누군가의 영역에 허락도 없이 넘어간다는 의미다. 만일 내가 누군가의 개인적인 영역을 불법으로 넘어간다면, 만일 내가 '지나치게 앞서 가' 상처, 고통, 모욕, 무시, 혹은 원치 않는 문제를 다른 이에게 야기시킨다면, 그것은 다시 나와 하나님과의 관계를 방해할 것이다.

다른 사람과의 관계에 불법침입하는 것(그들에게 "빚을 지는 것")은 우리와 하나님의 관계를 분열시킨다. 성경에는 이에 대한 분명한 보기가 있다. "남편들아 이와 같이 지식을 따라 너희 아내와 동거하고 그를 더 연약한 그릇이요 또 생명의 은혜를 함께 이어받을 자로 알아 귀히 여기라 이는 **너희 기도가 막히지 아니하게 하려 함이라**"(벧전 3:7, 강조 추가).

남편과 아내의 관계에 내재된 문제 때문에 응답받지 못하는 기도가 얼마나 많은가? 기도가 응답받지 못하는 것이 자신의 행동이 초래한 결과일 수 있다는 사실을 깨닫지 못한 채 실망하고 있는 남성들은 또한 얼마나 많은가?

귀를 기울이라. 관계는 중요한 것이다! 적으라. 기억하라. 당신의 마음에 새겨라! 당신과 하나님과의 관계 그리고 당신과 다른 사람들과의 관계는 서로 연결되어 있고, 서로 얽혀 있고, 서로 간섭한다. 이것은 마치 자동차에 생긴 하나의 문제는 사실 여러 가지 원인이 얽혀 나타나는 증상일 수 있는 것과 같다. 마찬가지로, 우리 영적 생활의 오작동은 우리가 맺고 있는 관계들에서 생긴 문제로 나타나는 증상일 수 있다.

남성들이여, 당신과 하나님의 관계는 어느 정도 당신이 아내와 맺고 있는 관계에 의해 결정된다. 아니, 확실히 당신과 아내와의 관계뿐 아니라 모든 관계에 의해서 결정된다. 왜냐하면 모든 사람은 저마다 하나님의 형상을 따라 창조되었고 존중받을 가치가 있기 때문이다. 만일 우리가 하나님의 형상을 따라 지어진 사람을 존중하지 않는다면 어떻게 우리가 그분을 존중할 것이라고 그분이 기대하실 수 있겠는가? 그리고 어떻게 우리의 기도에 호의적인 대답이 돌아오리라 기대할 수 있겠는가? 응답받지 못한 기도는 어쩌면 당신이 배우자와의 관계를 방치했거나 간과했기 때문일 수 있다. 한 가지를 바로잡으면 다른 것도 바로잡을 수 있다.

"우리를 시험에 들게 하지 마시옵고 다만 악에서 구하시옵소서"

고양이 신자들은 그들의 타고난 호기심 때문에 위험을 자초하는 경우가 많다. 이 기도는 하나님께 우리를 안전하게 지켜주시고 그분의 나라와 그분이 우리를 지으신 목적에 맞게 사용되게 해달라고, 그리고 그분께 영광을 돌리게 해달라고 기도한다. 이것은 하나님께 우리 자신과 우리를 따라다니는 악한 자로부터 우리를 안전하게 지켜달라고 간구하는 것이다. 성경은 사탄이 "우는 사자 같이 두루 다니며 삼킬 자를 찾"(벧전 5:8)는다고 묘사한다.

내(제럴드)가 아이였을 때 우리 교회 남자 어른들과 몇몇 아이들이 배를 타고 악어가 서식하고 있는 플로리다 강을 따라 내려간 적이 있다. 한 섬을 정해 그날 밤 텐트를 쳤는데, 아버지는 나를 우리 배의 앞부분에 앉히시면서 잠을 자라고 하셨다. 그렇지만 눈을 감은 지 얼마 되지 않아 우리 배 옆에서 무언가 커다란 것이 물을 첨벙거리는 소리와 사람들이 다급히 경고하는 소리가 크게 들려왔다. 나는 벌떡 일어나 무슨 일이 일어났는지 알려달라고 소리를 질렀다. 그러나 곧 아버지가 이렇게 말씀하셨다. "방금 악어를 잡았단다. 그러니 다시 잠을 자렴."

다시 잠이나 자라고요? 지금 농담하세요? 배 밖에 악어가 있는데 말이에요? 그렇지만 아버지는 지금까지 수많은 아버지들이 해왔던 말을 반복하셨다. "괜찮단다, 애야. 내가 여기 있잖니!" 그 말에 나는 안심이 되었고 다시 잠을 청할 수 있었다. 아버지가 나를 사랑하시고 나를 지켜주실 것을 알기 때문에 나는 그럴 수 있었다. 아버지는 악어들이 나를 해치지 못하도록 지켜주실 것이다.

예수님이 가르쳐주신 기도 틀의 이 부분 역시 크게 다르지 않다. 이것은 우리 하늘 아버지께 드리는 탄원이다. 그분은 졸지도 않고 주무시지도 않고 나를 지켜보시고 악에서 우리를 지키신다. 때문에 만일 마귀가 우리를 해하려 해도 그것은 우리 아버지가 허락하신 범위 안에서이며 그분의 선하신 목표가 고려된 것이다. 바울은 이 사실을 깨닫고 하나님께 자신이 처한 상황을 바꾸어달라고 세 차례나 기도했다.

여러 계시를 받은 것이 지극히 크므로 너무 자만하지 않게 하시려고 내 육체에 가시 곧 사탄의 사자를 주셨으니 이는 나를 쳐서 너무 자만하지 않게 하려 하심이라 이것이 내게서 떠나가게 하기 위하여 내가 세 번 주께 간구하였더니 나에게 이르시기를 내 은혜가 네게 족하도다 이는 내 능력이 약한 데서 온전하여짐이라 하신지라 그러므로 도리어 크게 기뻐함으로 나의 여러 약한 것들에 대하여 자랑하리니 이는 그리스도의 능력이 내게 머물게 하려 함이라 그러므로 내가 그리스도를 위하여 약한 것들과 능욕과 궁핍과 박해와 곤고를 기뻐하노니 이는 내가 약한 그 때에 강함이라. 고린도후서 12:7-10

이것은 바울의 기도가 그가 원한 대로 응답되지 않은 하나의 예이지만, 바울은 자신이 받은 '노'(No)라는 응답 가운데서 위로를 발견했다. 여기에는 우리를 위한 교훈도 있다.

- 우리는 하나님께 간구한다.
- 때때로 우리의 기도에도 불구하고 마귀가 우리를 건드린다.
- 그런 일이 일어난다고 해서 하나님이 응답하시지 않은 것이 아니다. 다만 하나님은 다른 계획을 갖고 계시며 여전히 사랑으로 개입하고 계시다.
- 하나님께서 다른 계획을 갖고 계시다면 우리는 그에 순응하는 것을 배워야 한다.

바울이 그 상황에 대해 어떻게 반응했는지 주목하라. 그의 반응은 거대한 실망, 좌절 그리고 하나님께 대한 적개심이 아니었다. 오히려 바울은 하나님의 목적 그리고 그분의 선하신 뜻 가운데 있는 자신의 위치를 발견했다. 더 나아가 그는 이 원치 않는 상황 속에서 만족함을 발견했고(10절), 그래서 그리스도의 능력이 바울 안에 거하시게 되었다. 고양이 신자들은 이런 자세를 갖기가 거의 불가능하다.

순응을 배우는 것은 말은 쉬우나 실천하기는 어렵다. 그러나 전능하신 손 안에 모든 가능성을 쥐고 계신 하나님을 전적으로 의지하고 신뢰하면 훨씬 쉬워진다.

이 사실을 유념하라. 당신은 사탄의 목표물이다. 왜냐하면 만일 그가 당신이 하나님 나라를 세우는 일을 무너뜨리고, 지연시키고, 되돌릴 수 없게 만들 수 있다면, 그가 이긴 것이나 마찬가지다. 그는 당신의 삶을 황폐하게 만들어 하나님이 그분의 영광을 뺏기시기를 원한다. 그렇게 되면, 당신의 삶은 흠이 없고, 상처받지 않고, 손상되지 않은 채로 남아 있을 수 없다. 그리고 비극과 재난, 비탄과 역경, 박해와 약함 등을 겪게 될 것이다. 그렇다고 하나님께서 당신의 기도에 응답하지 않으신다는 의미는 아니다.

하나님의 목적은 우리의 삶이 고양이 신자들이 추구하는 것처럼 안전하고, 아늑하고, 안락하고, 편안하게 되는 것이 아닐 수 있다. 강아지 성도들은 이 사실을 깨닫고 자신을 기꺼이, 사랑하는 마음으로, 전심으로 그리고 순종하는 가운데 하나님의 손에, 하나님의 처분에 그리고 하나님의 목적에 맡긴다.

**"나라와 권세와 영광이
아버지께 영원히 있사옵나이다"**

마침내, 우리는 예수님이 가르쳐주신 모범 기도문의 마지막 구절에 도착했다. (많은 성경 역본들은 이 구절을 각주로 처리하고 있다.)

예수님이 가르쳐주신 기도문은 시작과 끝을 예배로 장식하고 있다. 바울 또한 만물이 하나님께로부터 나오고 그분으로 말미암고 그분께 귀착된다는 사실을 깨달았다.

당신이 이번 장을 통해 예수님이 가르쳐주신 기도와 고양이 신자의 기도가 어떻게 다른지 그 차이점을 알게 되기를 바란다. 예수님의 기도는 하나님이 중심이 되시고 하나님께 초점이 맞추어져 있다. 야고보가 경고한 기도는 우리가 중심이 되고 우리에게 초점이 맞추어져 있다. 그래서 그는 그 기도가 쾌락적인 방탕으로 가득하다고 묘사하였다. 하나님이 자기중심에 빠진 기도 속에서 들으실 수 있는 말은 겨우 "나예요(Meow), 나예요, 나예요" 소리뿐일 것이다.

이 장의 교훈

이 장에서 우리는 제자들이 예수님께 기도하는 법을 가르쳐달라고 요청했을 때 그분이 제시하신 모범 기도문을 살펴보았다. 그 기도문은 기도를 배울 수 있는 하나의 틀 혹은 원형이지, 하나님의 '기도 상자'를 열어주는 특별한 열쇠나 비밀 암호가 아니다.

그 틀은 우리에게 기도란 우리가 아닌 하나님을 중심으로 하는 것임을 보여준다. 기도는 하나님과의 관계에 그리고 하나님을 의지하는 마음에 힘을 더해준다. 예수님이 보여주신 기도의 틀을 따를 때 우리는 우리의 필요를 하나님의 목적, 그분의 존재 그리고 그분의 나라와 연결시킬 수 있다.

3장

크고 담대한
기도

당신에게 새로운 자동차가 필요하지만 그것을 구입할 돈이나 신용도가 부족하다고 가정해보자. 그래서 당신은 우리를 찾아와 당신을 도와줄 수 있는지 묻는다. 마음이 넓은 우리는 이렇게 말한다. "우리가 가진 것은 다 당신의 것입니다." 그리고 우리가 미리 사인을 해놓은 수표를 건네준다. 이제 당신은 필요한 만큼의 금액을 적으면 된다.

당신이 사려는 자동차값이 3천만 원이어서 수표에 기입해 은행에 갔더니 창구 직원이 이렇게 말한다. "죄송합니다 손님, 이 수표는 사용할 수 없습니다. 계좌에 이 금액을 인출할 만큼의 잔액이 없습니다."

이제 그 수표에 우리 이름이 아니라 빌과 멜린다 게이츠(Bill and Melinda Gates)라는 부부의 서명이 있으며, 당신은 그들이 누구인지 모른다고 가정하자. 이번에 그 수표를 가지고 은행에 갔더니 아무 문제가 없다. 수표는 정상적으로 처리되었고, 창구 직원은 당신이 필요한 현금을 지급해주었다. 이제야 당신의 마음이 흡족해진다. 그러나 그 느낌은 당신이 빌과 멜린다 게이츠라는 사람이 누구인지 알기 전까지만 지속되었다. 당신은 그들이 지금까지 살았던 그 누구보다 부자이며 당신이 써낸 금액보다 휘-얼-씬 더 큰 금액을 적어도 되었다는 사실을 깨닫는 순간 더 이상 행복하지 않다. 당신은 훨씬 더 큰 금액을 받을 수 있었다는 사실을 깨달았다. 당신에게 주어진 백지 수표의 능력을 십분 발휘하지 못한 채 허비하고만 것이다.

다시 다른 상황을 가정해보자. 이번에는, 우리의 이름이나 빌과 멜린다 게이츠의 이름이 적힌 수표가 아니라 예수님이 서명하신 수표다. 예수님은 당신이 그 수표에 당신의 이름과 당신이 원하는 것을 적기를 기다리신다. 당신은 무엇을 적을 것인가?

이것은 단순한 수사적 표현이나 이론적인 질문이 아니다. 예수님이 제자들에게 하신 말씀을 들어보라. "너희가 내 이름으로 무엇을 구하든지 내가 행하리니"(요 14:13).

우리는 이 말씀을 문자 그대로 받아들이는가?

당신에게는 나름대로 의혹이 있을 것이다. 그러나 예수님은 거듭 말씀하신다. "내가 진실로 진실로 너희에게 이르노니 너희가 무엇이든지 아버지께 구하는 것을 내 이름으로 주시리라 지금까지는 너희가 내 이름으로 아무 것도 구하지 아니하였으나 구하라 그리하면 받으리니 너희 기쁨이 충만하리라"(요 16:23-24).

예수님이 "내가 수사법적으로나 이론적으로 이르노니"라는 말로 시작하지 않으신 것에 유의하라. 그분은 "진실로 진실로"라고 말씀하셨다. 그분의 말씀은 진리다.

왜 예수님은 한 번으로도 충분했을 텐데 "진실로 진실로"라고 거듭 말씀하셨을까? 유대인들은 어떤 말을 강조하려 할 때 그 낱말을 반복해서 사용한다. 우리 같으면 이탤릭체나 대문자를 사용하거나, 굵은 글씨를 사용하겠지만 유대인들은 같은 낱말을 반복한다. 예수님의 말씀은 이런 뜻이다. "내가 너희에게 말하는 것은 정말로 정말로 진실이다."

고양이 신자들은 이 사실에 당황해한다. 왜냐하면 그들은 자신의 기도가 응답되기를 원하기 때문이다. 무엇보다 그들은 자신의 삶을 안전하고, 아늑하고, 안락하고, 조금 더 편안하게 만들기 위해 더 많은 것을 가져야 한다고 믿는다. 그래서 그들은 자신들이 꿈꾸는 모든 것, 즉 자동차, 더 큰 집, 별장, 사치스럽고 호사로운 생활방식을 비롯해 이런 모든 것을 그분께 구할 수 있는지 궁금해한다. 그렇다면 우리는 이런 질문을 던져보아야 한다. 번영을 가르치는 설교자들은 참된 진리를 전하고 있는 것일까?

우리는 그 수표에 무언가를 적기 전에 먼저 야고보서 4장 3절이 지적하고 있는 우리의 기도가 응답받지 못하는 이유를 깨달아야 한다. 그것은 우리가 쾌락에 젖어 방탕하게 살려고 구하기 때문이다. "너희가 구하여도 받지 못하는 것은, 너희가 구하는 동기가 잘못되었기 때문이다. 즉 너희는 그것을 쾌락에 허비하려고 구한다."
(내 생각에 야고보의 이 말은 정확하게 고양이 신자들을 겨냥한 것이다.)

예수님의 이름으로 기도하기

　예수님은 우리가 그분의 이름으로 무엇이든 구할 수 있다고 말씀하셨다는 사실에 주목하라. 이것은 우리가 소원 목록을 작성하여 그분께 제출하고, 마지막에 "예수님의 이름으로 기도합니다 아멘"이라고 덧붙이는 행위를 의미하는 것이 아니다. 만일 그런 의미라면 "예수님의 이름으로 기도합니다"라는 말은 우리의 기도 끝에 덧붙이는 마법의 문장, 즉 '수리수리 마수리'나 '아브라카다브라'와 같은 주문에 지나지 않는다.

　따라서 우리는 하나님께 '무언가'를 구하기 전에 예수님의 이름으로 기도한다는 것이 무엇인지 이해해야 하는데, 강아지 성도들은 그것을 정확히 이해하고 있다. 그들은 어떻게 그 말이 마법의 주문이 아니라는 사실을 알고 있을까? 그것은 예수님 당시의 제자들에 의해 우리에게 전해진 모범 기도문을 통해서다. 신약 성경 전체에서 "예수님의 이름으로 기도합니다"라는 어구로 끝을 맺는 기도는 단 하나도 없다.

　처음 듣는 놀라운 사실인가? 나는 지난 50년 동안 지구촌 어디에서나 이 어구로 마무리하는 기도를 들었다. 그렇지만 성경에 나오는 인물들 가운데 기도를 그 말로 마친 사람은 한 사람도 없었다. 이 사실은 강아지 성도들에게 이 말이 응답받는 기도, 심지어 영적인 기도의 열쇠가 아니라는 사실을 명백히 보여준다. 기도를 효과 있게 만드는 것은 "예수님의 이름으로 기도합니다"라는 주문이 아니라 기도하는 사람의 심령과 마음과 동기와 생각이다.

그렇다면 예수님의 이름으로 기도한다는 것은 무슨 의미인가?

성경에서 사람의 이름은 보통 그의 성격이나 평판에 대해 여러 정보를 말해준다. 야곱은 "사기꾼"이라는 의미다. 아브라함은 "열국의 아버지"를 의미한다. 임마누엘은 "하나님이 우리와 함께하신다"는 의미다. 사람의 이름은 그의 개성, 그의 출신과 관련된 내용을 가리키기도 하며, 때로는 그의 운명까지도 대변한다. 이런 이유로 어린 자녀들이 그 아버지들로부터 자신의 귀한 이름을 망치지 말라고 자주 가르침을 받는 것이다.

강아지 성도들이 예수님의 이름으로 기도할 때, 그들은 "주님, 제가 구하는 것은 당신의 성품, 당신의 개성, 당신의 목적, 당신의 계획 그리고 창조의 뜻과 일치합니다"라고 말하는 것이다. 우리는 기도할 때 어떤 말도 하기 전에 먼저 우리의 요청이 하나님의 뜻과 목적에 부합하는지 분명히 확인해야 한다. 기도에 앞서 하나님께서 이 상황에서 우리가 무엇을 하기 원하시는지 생각하는 시간을 가져야 한다. 예수님이라면 이 기도를 어떻게 하셨을까? 나는 나의 세속적이고 자연적이며 이기적인 본성이 원하는 것이 아니라 예수님이 원하시는 것을 원한다. 이렇게 하나님 나라가 세워지려면 그 일이 일어나기 위해 나는 무엇을 기도해야 하는가? 우리가 이런 방식으로 기도하고 이런 것들을 생각하기 시작할 때 비로소 예수님의 이름으로 기도한다고 말할 수 있으며, 이것이 바로 강아지 성도들이 짖는 법을 배우는 것이다.

우리는 앞장에서 모범 기도문 가운데 하나님의 이름이 높여지고 영광받으시기 바라는 표현인 "이름이 거룩히 여김을 받으시오며"에서 이에 대한 단서를 이미 보았다. 따라서 예수님의 이름으로 기도드려진 것은 무엇이든 그분의 성품과 인격에 부합해야 한다. 마치 그분 자신이 그 요청을 하시는 것처럼 말이다. 달리 말해, 예수님이 어떤 특정한 요청을 하지 않으신다면, 우리도 그래야 한다. 예수님의 이름으로 기도한다는 것은 우리가 기도하는 동기에 대하여 질문하고 평가하게 한다. 왜 우리는 이것을 위해 기도하는가? 우리의 왕국을 위한 것인가, 아니면 하나님 나라를 위한 것인가?

만일 예수님의 사인이 수표에 기입되어 있다면 우리는 우리의 요청이 그분이 서명하기 원하시는 것인지 확인해야만 한다.

하나님 나라를 마음에 품고 기도하기

성경에 나오는 두 가지 기도를 살펴보자. 두 기도 모두 긍정적인 응답을 받았다. 그 기도들의 동기가 무엇인지 점검해보자.

첫 번째 기도는 여호수아서에 나오는 기도다. 여호수아는 이제 막 이스라엘 백성과 함께 요단강을 건너 그들을 약속의 땅으로 인도하고 있었다. 여리고 성에서의 승리 이후 그들은 아이 성에서 첫 번째 패배를 당했다. 싸움에 진 부하들이 돌아왔을 때 여호수아는 이렇게 기도했다. "주 여호와여 어찌하여 이 백성을 인도하여 요단을 건너게 하시고 우리를 아모리 사람의 손에 넘겨 멸망시키려 하셨나이까"(수 7:7).

여기까지 보면 그 기도는 분명 여호수아 자신과 그의 백성들을 중심에 두고 있는 것처럼 보인다. 그러나 더 읽어보면 이런 내용이 나온다. "우리가 요단 저쪽을 만족하게 여겨 거주하였더면 좋을 뻔하였나이다 주여 이스라엘이 그의 원수들 앞에서 돌아섰으니 내가 무슨 말을 하오리이까 가나안 사람과 이 땅의 모든 사람들이 듣고 우리를 둘러싸고 우리 이름을 세상에서 끊으리니"(7-9상반절). 여기까지는 아직도 여호수아가 자기 중심적인 시각으로 야옹거리고 있는 것처럼 보인다. 그는 "우리 이름"(이스라엘 백성)이 세상에서 끊어질까 걱정했다.

그러나 9절 마지막 부분을 보면 그 백성의 이름은 원래부터 하나님의 이름과 명성에 연결되어 있음을 보게 된다. "가나안 사람과 이 땅의 모든 사람들이 듣고 우리를 둘러싸고 우리 이름을 세상에서 끊으리니 주의 크신 이름을 위하여 어떻게 하시려 하나이까"(9절, 강조 추가). 바꾸어 말하면, 여호수아는 이렇게 말하고 있는 것이다. "주님, 만일 우리가 멸망하면 어떻게 당신을 섬길 수 있으며 당신의 나라를 세울 수 있겠습니까. 이것은 당신의 일입니다. 주님, 이런 일이 일어나도록 내버려두지 마십시오!"

여호수아의 기도는 자기 백성의 미래를 위한 것이면서도 궁극적으로는 하나님의 이름과 명성을 위한, 그리고 그것에 근거한 것이었다. 이러한 기도가 바로 예수님이 가르쳐주신 기도다. 우리의 필요를 위해 기도하는 것이 잘못은 아니지만, 그것은 하나님 나라의 맥락 안에서 구해져야 한다. 고양이 신자의 기도가 반드시 잘못된 것은 아니지만, 그것은 불완전하거나 우선순위가 잘못된 기도다.

두 번째로 살펴볼 기도는 다니엘서에 나온다. 이스라엘 백성은 그들이 지은 죄의 결과로 다른 민족에게 정복당했다. 이 기도가 드려질 당시 그들은 바벨론의 포로였고, 예루살렘 성읍은 성전을 포함해 폐허가 되어 있었다. 다니엘은 바벨론에 포로로 잡혀간 사람들 가운데 하나였고, 그는 그곳에서 하나님의 백성이 본향으로 회복되기를 위해서 기도했다.

우리가 앞에서 배운 바대로 다니엘은 찬양으로 기도를 시작했다. "강한 손으로 주의 백성을 애굽 땅에서 인도하여 내시고 오늘과 같이 명성을 얻으신 우리 주 하나님이여"(단 9:15). 곧이어 죄의 고백이 나온다. "우리는 범죄하였고 악을 행하였나이다 주여 구하옵나니 주는 주의 공의를 따라 주의 분노를 주의 성 예루살렘, 주의 거룩한 산에서 떠나게 하옵소서 이는 우리의 죄와 우리 조상들의 죄악으로 말미암아 예루살렘과 주의 백성이 사면에 있는 자들에게 수치를 당함이니이다"(15-16절).

다니엘은 이어서 하나님께 행동해주시기를 요청했다. "그러하온즉 우리 하나님이여 지금 주의 종의 기도와 간구를 들으시고 주를 위하여 주의 얼굴 빛을 주의 황폐한 성소에 비추시옵소서"(17절).

16절에 나오는 "수치를 당하다"는 말은 불쾌하지만 사실이었다. 다니엘은 다른 나라 사람들이 하나님의 백성에 대해 수군거리는 말을 하나님께 알렸고 이어서 그것을 하나님의 이름과 연결시켰다. 여기에 다니엘의 기도에 실린 능력의 근원이 있다. 그 기도는 하나님과 관련된 것이지 그분의 백성과 관련된 것이 아니었다. 다니엘은 하나님께 "주를 위하여" 행하시라는 탄원을 올렸다. 그리고 이제 그가 18절에서 계속 이어가는 말을 들어보자. "나의 하나님이여 귀를 기울여 들으시며 눈을 떠서 우리의 황폐한 상황과 주의 이름으로 일컫는 성을 보옵소서 우리가 주 앞에 간구하옵는 것은 우리의 공의를 의지하여 하는 것이 아니요 주의 큰 긍휼을 의지하여 함이니이다."

하나님은 우리의 의나 우리의 훌륭한 점에 근거해 행동을 취하시지 않는다. 하나님은 자신의 이름을 위하여 행하시고 그리고 받을 만한 자격이 없는 우리를 향한 자비와 은혜 때문에 행하신다. 만일 하나님이 우리가 받아 마땅한 것들에 근거하여 행하신다면 우리가 받을 것은 오직 사망과 지옥에서의 영원한 형벌뿐이다. 그것이야말로 우리가 지은 끝없는 죄의 대가로 정당한 것이기 때문이다.

다니엘은 이렇게 기도를 맺었다. "주여 들으소서 주여 용서하소서 주여 귀를 기울이시고 행하소서 지체하지 마옵소서 나의 하나님이여 주 자신을 위하여 하시옵소서 이는 주의 성과 주의 백성이 주의 이름으로 일컫는 바 됨이니이다"(19절). 여기서 우리는 다니엘의 마지막 간구는 하나님의 이름과 하나님의 영광임을 보게 된다. 다니엘은 하나님의 백성이 처한 상황과 하나님의 명성과의 상관관계에 근거하여 하나님께 간섭해달라고 계속해서 구했다.

여호수아와 다니엘의 이 두 기도는 하나님의 백성이 결정적인 위험에 처했을 때 나왔다. 여호수아와 다니엘은 본능적으로 "하나님, 우리를 도와주세요!"라고 야옹거리기만 할 수도 있었다. 그러나 두 사람 모두 그런 충동을 이겨내고 자신의 것이 아닌 하나님의 이름과 명성에 근거한 명분을 분명하게 외쳤다. 여호수아와 다니엘은 백지 수표에 금액을 적을 기회를 얻었고, 하나님의 성품과 그분의 관심사에 부합하는 것을 채워 넣었다. 한 사람은 민족 전체의 구원을 구했고, 다른 사람은 민족 전체의 재건을 구했다. 그들의 관심사는 거대했고, 그 기초는 튼튼했으며, 그들의 기도는 응답되었다.

하나님의 때는 완벽하다. 내(밥)가 이 장을 집필하는 동안 우리 가족과 매우 가까운 한 부부가 결혼생활에서 끔찍한 문제를 겪었고 우리에게 도움을 요청했다. 나는 그 부부를 무척 사랑했기에 하나님께 부르짖었다. "오 주님, 그들을 위하여 그들의 결혼생활을 치유하여주세요." 그렇지만 내가 뜨겁게 기도드렸음에도 효과적이고 능력 있는 기도는 되지 못했다. (고양이 신자의 기도라도 뜨겁게 드려진다면 굉장히 영적인 것처럼 들릴 수 있다.)

나는 지극히 자연스러워 보이는 그 방식으로 기도하는 것을 거부해야 했다. 나는 "그들을 위해서" 기도하는 것이 나의 최우선 동기가 되어서는 안 된다는 사실을 깨달았다. 그것은 나쁜 동기는 아니지만, 최선의 것도 아니었다. 나는 하나님 나라가 세워지기를 구하고, 또한 철저하게 하나님의 명성에 관심을 두고 기도할 필요가 있었다. 나는 기도하는 법을 처음부터 다시 배워야 했다. 나는 그분의 이름을 위해 기도해야 했다. 그래서 어떻게 기도했는지 아는가?

하나님, 그 부부의 결혼 생활이 이렇게 심각한 국면에 처한 이 순간 어떻게 하면 그들이 당신의 나라에 초점을 맞출 수 있겠습니까? 그들의 삶이 그런 고통으로 가득 차 있는데 그들이 어떻게 다른 사람들에게 당신에 관해 말하고 당신을 대변할 수 있겠습니까? 그들이 서로 잘 지내지 못하고 있는데 어떻게 그들의 결혼 생활이 당신과 우리와의 관계의 아름다움을 드러낼 수 있겠습니까? 오 하나님, 그들의 삶에 당신의 자비를 보여주셔서 당신의 이름을 널리 알리소서. 두 사람 모두 서로에게서 당신을 보게 하시고 또한 보여주게 하소서. 당신의 이름을 위하여 그들 가운데 역사하셔서 당신의 영광을 그들에게 또한 그들을 바라보고 있는 이들에게 드러내시기 위해 마땅히 이루어져야 하는 것들을 이루소서!

그리고 주님, 그들의 자녀는 어떻게 합니까? 저는 그 아이들을 참으로 사랑하며, 이런 일이 그들에게 어떤 영향을 끼칠지 마음이 아픕니다. 주님, 그 가정에 닥친 이 혼란이 그 아이들이 갖고 있는 당신의 형상에 어떤 영향을 미칠지 염려가 됩니다. 그 아이들이 지금 보고 듣는 것들로 인해 그 마음이 심히 어두워져 있는데 어떻게 그 아이들이 "당신의 나라가 임하시고, 당신의 뜻이 이루어지이다"라고 기도할 수 있겠습니까?

오 아버지여, 당신의 이름과 그 아이들이 바라보는 당신의 모습을 위하여, 당신의 평화와 사랑을 이 가정에 베풀어주소서. 그리고 당신의 이름을 위하여, 그 이웃과 친구들과 가정이 당신의 은혜와 능력이 역사하고 있음을 보게 하소서! 예수님 이름으로 기도합니다 아멘.

하나님은 내가 사랑하는 친구를 위해 기도할 때 내게 백지 수표를 주셨다. 나는 이 장에서 살펴본 기도들에 근거해서 그 빈칸을 제대로 기입했다고 믿는다.

하나님은 우리에게 백지 수표를 주시고는 그 안에 무언가를 적으라고 초대하신다. 그러나 또한 그것을 지혜롭게 사용하라고 경고하신다. 그것을 큰 것을 구하는 일에 사용하라. 그리고 그것이 예수님의 이름을 올려놓아도 아무 문제가 없을 만한 일에 사용되도록 조심하라.

이 장의 교훈

고양이 신자들은 기도란 하나님께 자신의 삶을 안전하고, 편안하고, 아늑하고, 안락하게 만들어달라고 요청하는, 그리고 그런 것들이 아니라면 자신이 알고 있는 다른 누군가를 위하여 요청하는 시간이라고 배웠다. 고양이 신자의 기도는 최악의 경우 이기적이고, 잘해도 근시안적이고 결핍된 기도다. 설령 고양이 신자의 기도가 자기 중심에 빠지지 않는다 해도 그 기도는 하나님을 중심으로 두지 않고 사람을 중심에 둔다. 고양이 신자의 관심사는 영원한 가치가 아닌 일시적인 가치를 향한다.

그러나 강아지 성도들이 하나님과 그분의 이름을 위하여 기도할 때, 그들은 기도 가운데 담대하다. 그들은 그 백지 수표 안에 원대한 요청들을 마음껏 채워넣는다. 여호수아와 다니엘은 오로지 행복이나 고통의 경감만을 구할 수도 있었지만, 그들은 그렇게 근시안적이지 않았다. 그들은 민족 전체를 위해 그리고 하나님의 명성을 위해 간구했다!

눈을 높이 들라. 담대하게 요청하라. 예수님의 이름으로 기도하는 법과 크고 담대한 기도를 드리는 법을 배우라! 멍멍 짖는 기도를 배우는 데 만족하지 말고 크고 멀리 가도록 부르짖는 법을 배우라.

4장

기도의
참된 목적

기도란 하나님 중심이어야 하며, 그분의 나라와 영광이 초점이 될 때 응답된다는 사실을 살펴보았다.

    또한 요한복음 14장 13절, 16장 23-24절에서 예수님이 우리에게 주신 '백지 수표'를 살펴보았다. 그리고 수표의 빈칸을 적을 때 조심해야 한다는 것을 배웠다.

    이제 그 동일한 구절들에서 기도의 참된 목적을 살펴보기로 하자. 하나님은 왜 우리가 다른 사람들을 위해 중보하고 우리 자신을 위해 간구하기를 원하시는지에 대한 질문으로 시작할 것이다. 그리고 요한복음의 두 단락을 마저 읽고 그 답을 찾을 것이다.

기도, 하나님의 영광을 위해

    요한복음 14장 13절은 "너희가 내 이름으로 무엇을 구하든지 내가 행하리니 이는…"(강조 추가)이라고 말씀한다.

    바로 이 부분에서 멈추라. "이는"이라는 구절은 매우 중요한 무언가를 가리킨다. 예수님은 제자들에게 왜 그분이 그들의 기도에 응답하기 원하시는지 말씀해주시려 하고 있다. 당신은 혹시 예수님이 "너희가 내 이름으로 무엇을 구하든지 내가 행하리니 이는 너희가 지금 있는 그곳에서 안전하고, 아늑하고, 안락하고, 편안한 삶을 살게 하기 위함이라"고 말씀하셨으리라 기대하는가? 예수님이 그렇게 말씀하셨을까? 전혀 아니다! 하지만 불행하게도 대부분의 고양이 신자들은 이 목적을 위해 기도를 사용한다. 그들은 진짜 고양이처럼 태어나면서부터 죽을 때까지 가능하면 가장 안전하고, 가장 아늑하고, 가장 안락하고, 가장 편안한 삶을 얻으려 한다.

때로는 성경이 무엇을 말씀하시는지보다 무엇을 말씀하시지 않는지를 발견하는 것이 더 중요할 때가 있다. 그렇다면 예수님은 무엇을 말씀하셨는가? 기도의 목적은 무엇인가? 구절 전체를 읽어보자. "너희가 내 이름으로 무엇을 구하든지 내가 행하리니 이는 아버지로 하여금 아들로 말미암아 영광을 받으시게 하려 함이라"(강조 추가).

바로 이것이다. 예수님이 우리의 기도에 응답하시는 이유는 아버지 하나님께 영광을 돌리시기 위해서다! 이제껏 이 사실을 놓치고 있었다면 그것은 고양이 신학 때문이다. 고양이 신자들은 자신과 상관없는 생각에는 좀처럼 주목하지 않는다.

우리는 가끔씩 이렇게 중요한 낱말들을 마치 영적인 보푸라기에 지나지 않는 것으로 여긴다. 그렇지만 예수님은 아버지 하나님께 영광을 돌리는 것이 기도의 전부라는 사실을 가르쳐주고 계신다!

이 사실에 비추어 우리가 기도하는 동기를 점검해야 한다. 왜 우리는 간구와 도고를 가지고 하나님의 보좌 앞으로 나아가는가? 그 기도는 우리를 위한 것인가, 아니면 그분을 위한 것인가? 우리의 왕국을 세우기 위함인가, 아니면 그분의 왕국을 세우기 위함인가? 그 기도를 통해 우리의 이름이 높아지겠는가, 아니면 그분의 이름이 높아지겠는가? 이런 것들이 강아지 성도와 고양이 신자가 갖고 있는 동기의 차이다.

앞장에서 배운 것처럼, 만일 고양이 신자들이 자신의 이기적인 욕구와 쾌락을 추구하는 기도를 드린다면 하나님은 이렇게 대답하실 것이다. "미안하지만, 그 기도에는 안 된다고 응답할 수밖에 없구나."

기도, 기쁨을 위해

요한복음 16장 23-24절에서 기도의 두 번째 목적을 발견할 수 있다. "내가 진실로 진실로 너희에게 이르노니 너희가 무엇이든지 아버지께 구하는 것을 내 이름으로 주시리라 지금까지는 너희가 내 이름으로 아무 것도 구하지 아니하였으나 구하라 그리하면 **받으리니**…"(강조 추가).

받으리니 어떻다고? 예수님은 왜 우리의 기도에 응답하기 원하시는 것일까? "너희 기쁨이 충만하리라."

뭐라고? 결국 우리는 우리가 출발한 곳으로 돌아온 셈인가? 지금 기도는 결국 우리를 위한 것이라고 말하고 있는 것인가? (고양이 신자들은 이 순간 매우 기뻐할 수도 있다.)

그렇기도 하고 아니기도 하다. 기도는 단지 우리가 기쁨을 얻는 것뿐 아니라 온전하고 충만한 기쁨을 얻는 것이 주가 된다. (고양이 신자의 기대가 상승한다.) 무엇에 대한 기쁨인가? 사물에 대한? 사람에 대한? 성취에 대한? 명예나 명성에 대한? 재력에 대한? 그건 아니다. 왜냐하면 이 구절을 요한복음 14장 13절과 연결해보면 그 의미가 분명해지기 때문이다. 우리는 하나님을 영화롭게 하는 일에서 기쁨을 찾는 것이다. 가장 충만한 기쁨을 얻는 것과 하나님께 영광을 돌리는 것은 서로 근본적이고 본질적으로 연결되어 있다.

당신과 나는 우리의 아버지 하나님께 영광을 돌릴 때 신이 날 것이다. 그것이 우리의 마음을 지배하는 것이 마땅하다. 마치 주인을 보고 신이 난 강아지가 주인과 함께 놀 때 그 기쁨이 확장되고 폭발하는 것처럼, 우리가 우리의 주인이신 그분을 기뻐할 때 우리의 영혼은 기쁨으로 폭발할 것이다. 우리는 이렇게 말해야 한다. "나는 우리 아버지 하나님이 영광을 받으실 때 가장 신난다!"

(여기서 각주 하나. 만일 당신이 이런 경험을 한 번도 해본 적이 없다면, 앞으로 놀라운 일이 벌어질 것이다. 물론 당신이 이런 종류의 기쁨을 한 번도 경험하지 못했다면 어떻게 다른 사람의 영광 때문에 기뻐할 수 있는지 이해하기가 어려울 수도 있다. 이것은 마치 당신이 좋아하지 않는 음식을 좋아해야 한다고 말하는 것과 같은 소리라는 것을 인정한다. 그러나 우리는 이에 대해 충

분한 경험이 있다. 일단 당신이 하나님의 영광이 가져다주는 기쁨을 맛보게 되면 그것이 얼마나 맛있는 것인지를 알게 될 것이다!)

기도란 하늘나라의 산타클로스에게 우리의 모든 소원을 들어달라고 요청하는 것이 아니다. 존 파이퍼(John Piper)가 말한 것처럼, 기도는 하늘에 있는 스태프에게 우리의 소원을 알리는 '내선 전화'가 아니다. 기도는 오히려 하나님 나라를 세우는 데 필요한 보급품을 보내달라고 요청하는 '전쟁용 무전기'와 같다.* 기도는 하나님의 영광을 놀랍고 강력하고 훌륭하게 드러내기 위해 사용되어야 하는 도구다.

우리의 힘인가, 하나님의 힘인가?

이제 기도의 두 가지 목적, 즉 그것은 하나님께 영광을 돌리는 것과 우리에게 기쁨을 주기 위한 것임을 알게 되었으니, 여기에 살을 붙여보자. 하나님은 우리가 그분의 영광을 위해 기도하기를 원하실 뿐 아니라 우리의 기쁨을 위해서도 기도하기 원하신다. 아마 당신은 이렇게 묻고 싶을 것이다. "기도하는 방법에도 여러 가지가 있나요?" 그렇다. 그러나 그것은 몸의 자세나 사용하는 말의 차이가 아니라 마음의 태도다.

---

* John Piper, *Let the Nations Be Glad*, 3rd ed. (Grand Rapids, MI: Baker Academic, 2010), 65, 69.

이 말을 당신이 이해하는 데 도움이 될 예가 있다. 나(밥)는 대학생이었을 때, 기도문을 타자로 쳐서 몇 번이고 반복해서 기도했다. "주님, 제가 거룩해지도록 도와주세요. 영원한 것을 바라보며 살 수 있게 도와주세요. 나의 믿음을 나눌 수 있도록 도와주세요. 당신의 말씀을 갈망하도록 도와주세요. 내가 이것을 하게 해주시고, 이렇게 되게 해주세요…."

그런데 기도문을 타자로 치고 있을 때 주님이 이렇게 말씀하시는 것처럼 느껴졌다. "밥, 너는 지금 내게 무엇을 해달라고 요청하는 것이냐?"

그래서 이렇게 대답했다. "주님, 주님께 무엇을 해달라고 요청하다니 그게 무슨 말입니까? 뻔하지요, 주님의 도우심이 필요합니다."

"그래, 밥, 그렇지만 그게 무엇을 의미하지?"

"그게 무엇을 의미하지가 무슨 뜻인가요? 저는 주님의 도우심이 필요해요. 주님 없이는 그리스도인의 삶을 살 수가 없어요."

"그렇지. 그렇지만 그건 또 무슨 의미냐?"

"주님, 그건 결국 바로 저 혼자서 그 많은 일을 할 수 있게 된다는 뜻이죠."

쿵 하는 소리와 함께 중요한 깨달음을 얻었다. 나는 삶의 일정 부분을 나 혼자서, 나 자신의 힘으로 살려고 노력하고 있었던 것이다. 지금까지 그 일정 부분이 어느 정도일지 한 번도 생각해본 적은 없었지만, 내 몫은 아마 70퍼센트 정도이고 내가 어떻게 할 수 없는 나머지 30퍼센트는 하나님께 맡겼던 것 같다. 그 비율이 얼마가 되었든 중요한 것은 내가 나 자신의 능력으로 그리스도인의 삶을 살려고 노력했다는 것이다.

여기서 심판의 날, 곧 하늘에서 모든 상급이 주어지는 때로 곧장 건너가보자. 그것은 올림픽 경기와 비슷할 것이다. 그곳에서 나는 가장 높은 시상대 위에 서서 금메달을 받게 될 것이다. 왜냐하면 그 일의 가장 많은 부분을 감당했기 때문이다. 그리고 예수님은 나보다 조금 낮은 곳에서 은메달을 걸고 계실 것이다. 내 금메달에는 "70퍼센트"라고 새겨져 있고, 예수님의 은메달에는 "30퍼센트"라고 새겨져 있다. 내가 예수님 어깨에 팔을 두르고 이렇게 말하는 모습을 상상해보라. "고마워요, 예수님. 당신이 없었으면 못 해냈을 겁니다."

터무니없는 묘사이지만 핵심은 이것이다. 나는 주님께 겨우 30퍼센트만 역사하시도록 요청함으로써 그분만 의지하는 것을 좌절시키고, 나의 성장을 70퍼센트로 제한시킨 것이다. 여기서 말하려 하는 것은 나의 행동을 백분율로 격하시키려는 것이 아니라 내가 주님을 온전히 의지하지 못하는 것은 그분께 영광을 돌리지도 못하고 내게 충만한 기쁨을 가져다주지도 못한다는 사실이다.

요한복음 15장 5절을 읽고 이렇게 기록되었는지 살펴보라. "나는 포도나무요 너희는 가지라 그가 내 안에, 내가 그 안에 거하면 사람이 열매를 많이 맺나니 나를 떠나서는 너희가 70퍼센트만 행할 수 있음이라." 성경이 그렇게 말씀하고 있는가? 아니다. 그렇게 말씀하시지 않는다. 다시 한 번 말하지만, 우리는 성경이 말씀하고 있지 않은 것을 살핌으로써 성경이 실제로 말씀하는 것을 보다 분명히 이해할 수 있게 하려는 것이다. 실제로 이 구절은 이렇게 말씀하신다. "나를 떠나서는 너희가 **아무 것도 할 수 없음이라**"(강조 추가). 아무것도! 아무것도 할 수 없다!

고양이 신자들은 이렇게 반응할 수도 있다. "주님, 우리는 사람을 달에 보낼 수도 있습니다. 우리의 음성과 영상을 일초도 안 되어 전 세계로 보낼 수도 있습니다. 우리는 한 시간에 수백 킬로미터를 날아갈 수 있는 비행기와 한 시간에 수만 킬로미터를 갈 수 있는 로켓도 만들 수 있습니다! 우리가 갖고 있는 컴퓨터는 일 나노 초만에 수백만 가지 항목의 자료를 정리할 수도 있습니다. 우리는 미숙아들을 죽음의 문턱에서 구해낼 수도 있습니다. 우리는…."

우리는 아무것도 할 수 없다. 영원한 의미가 있는 것은, 영원히 지속될 만한 것은 그 어떤 것도. 우리가 우리의 능력으로 할 수 있는 모든 것은 장차 불에 탈 것이다. 하나님은 고린도전서 3장 15절에서 이렇게 말씀하신다. "누구든지 그 공적이 불타면 해를 받으리니 그러나 자신은 구원을 받되 불 가운데서 받은 것 같으리라."

우리는 구원받을 것인가? 그렇다. 그러나 우리가 우리의 힘과 능력으로 행한 공력은 불타 없어질 것이다. 밥이 만일 시간 가운데

30퍼센트만 주님께 의지한다면 70퍼센트의 잠재적 상급을 상실하게 될 것이다. 시편 기자는 이렇게 말씀한다. "여호와께서 집을 세우지 아니하시면 세우는 자의 수고가 헛되며"(시 127:1).

고양이 신자의 삶이 대부분 헛수고일 수밖에 없는 이유는 그들의 삶이 대부분 자신의 능력을 바탕으로 이루어지기 때문이다.

'나로 하여금'(Cause-Me) 기도

그렇다면 어떻게 해야 육신의 힘으로 살려 하는 것을 피할 수 있을까? 어떻게 하면 하늘나라의 상급을 잃어버리지 않을 수 있을까? 어떻게 해야 고양이 신자처럼 살지 않을 수 있을까?

그 답을 찾기 위해 에스겔 36장에 나오는 한 단락을 찾아보려고 한다. 먼저 그 구절의 문맥을 고찰해보자. 하나님은 선지자 에스겔을 통하여 이스라엘 백성이 바벨론에서 받은 징벌의 시간을 끝내고 돌아오게 하실 것을 말씀하고 있다. 하나님이 자기 백성에게 주셨던 이 바벨론 포로 심판은 영원히 지속될 일이 아니었다. 하나님은 에스겔을 통하여 말씀하시는 가운데 주께서 그들을 약속의 땅으로 회복시키실 때 그 백성에게 어떤 일이 일어날지 말씀하셨다. "또 새 영을 너희 속에 두고 새 마음을 너희에게 주되 너희 육신에서 굳은 마음을 제거하고 부드러운 마음을 줄 것이며 또 내 영을 너희 속에 두어 너희로 내 율례를 행하게 **하리니** 너희가 내 규례를 지켜 행할지라"(겔 36:26-27, 강조 추가).

27절에 나오는 두 가지 핵심 낱말에 주목하라. 하나님은 "나는 네가 내 율례를 행하도록 도와주겠다"라고 말씀하지 않으셨다. 그분은 "나는 네가 내 율례를 행하게 하겠다"고 말씀하셨다.

하나님께서 그 일을 몸소 행하고자 하시는 데에는 두 가지 중요한 이유가 있다. 첫째, 우리 삶에서 반드시 이루어져야 하는 참된 일은 영적인 일이다. 그 일은 우리 영혼을 다룬다. 우리 영혼은 우리 안에 오셔서 거하시는 성령님으로 말미암아 거듭난다. 우리 힘으로는 영적 성장을 위한 어떤 일도 할 수 없다. (이런 이유로 예수님은 우리가 그분을 떠나서는 아무것도 할 수 없다고 말씀하신 것이다.) 우리가 육체 가운데서, 즉 우리 자신의 힘과 능력으로 행한 그 어떤 것도 하나님을 기쁘시게 할 수 없다. "육신에 있는 자들은 하나님을 기쁘시게 할 수 없느니라"(롬 8:8). 바로 이 부분에서 고양이 신자의 노력은 "헛되게"(시 127:1) 되고 결국 불타버리게(고전 3:15) 된다.

하나님이 친히 그 일을 행하기 원하시는 두 번째 이유가 있다. 만일 우리가 스스로 그 일을 행하면 그 일에 대한 영광을 우리가 받게 될 것이며, 다시 한 번 하나님의 영광을 도둑질하게 될 것이다. 금메달은 우리가 받고 예수님은 은메달을 받으시는 것이다.

그래서 강아지 성도들은 '나로 하여금' 기도를 배우는데, 그 기도는 이런 것이다.

"주님, 나로 하여금 거룩하게 하옵소서."

"주님, 나로 하여금 영원을 바라보며 살게 하옵소서."
"주님, 나로 하여금 믿음을 전할 수 있게 하옵소서."
"주님, 나로 하여금 당신의 말씀을 갈망하게 하옵소서."
"주님, 나로 하여금 당신의 얼굴을 구하게 하옵소서."
"주님, 나로 하여금 의에 목마르게 하옵소서."

'나로 하여금' 기도는 하나님께 이렇게 말씀드린다. "주님, 저는 100퍼센트 주님을 의지하여 주님이 제 안에, 그리고 저를 통하여 역사하시기를 원하며, 그로 인하여 제 삶 가운데 이루어진 그 일이 영원히 지속되기를, 또한 주님이 영광을 받으시기 원합니다!"

하나님께 100퍼센트 의지한다는 말이 우리는 우리의 영적 성장을 위해 그저 소파에 누워 손가락 하나 까딱하지 않는다는 의미인가? 절대 그렇지 않다! 우리는 하나님께서 우리에게 역사하시도록 기회를 드리되, 그분이 일하시지 않는다면 영원한 의미가 있는 일은 결코 일어날 수 없다는 뜻이다. 바꾸어 말하자면, 우리는 이렇게 기도할 수 있다.

"주님, 저는 경건의 시간을 가지려 합니다. 그렇지만 당신이 저를 만나주시고 제 눈을 열어주시지 않는다면 어떤 일도 일어나지 않을 것입니다."

"주님, 저는 계속해서 저의 믿음을 전하려 합니다. 그렇지만 당신이 저를 통해 말씀해주시지 않는다면 그 누구의 삶도 변화되지 않을 것입니다."

"주님, 저는 계속해서 주님의 말씀을 배우려고 합니다. 그렇지만 당신이 제 눈을 열어주시지 않는다면 저는 아무것도 배우지 못할 것입니다."

"주님, 저는 제 컴퓨터에 음란물을 차단하는 프로그램을 설치하려고 합니다. 그렇지만 주님이 친밀함을 원하는 제 욕망을 당신으로 채워주시지 않는다면 저는 계속 잘못된 곳에서 친밀함을 구할 것입니다."

"주님, 저는 저의 모든 의지를 다해 술집에서 멀어지려고 합니다. 그렇지만 당신의 영이 제 목마름을 채워주시지 않으면 술로 끌리는 유혹을 조금도 이길 수 없음을 저는 잘 알고 있습니다."

"주님, 저는 음식으로 자신을 위로하려는 유혹을 이겨내고자 노력하고 있습니다. 그렇지만 만일 제가 주님의 말씀으로 '살이 찌고' 당신의 달콤함을 즐기지 못한다면 제 몸이 아무리 날씬해진다 해도 아무 소용이 없을 것입니다."

우리의 영적 성장은 우리가 100퍼센트 하나님을 의지하는 것에 달려 있다. 우리가 해야 할 몫은 하나님께서 그분의 일을 하시고 그분께 합당한 영광을 받으시도록 시간과 기회를 드리는 것이다. 다윗은 시편 115편 1절에서 이렇게 말했다. "여호와여 영광을 우리에게 돌리지 마옵소서 우리에게 돌리지 마옵소서 오직 주는 인자하시고 진실하시므로 주의 이름에만 영광을 돌리소서."

당신은 어쩌면 말이 그렇게 중요한 것인지 궁금할 수 있다. 만일 우리가 "나로 하여금"이 아니라 "나를 도와주세요"라고 말한다면 그리스도인으로서 우리의 성장을 제한하는 것일까? 반드시 그런 것은 아니다. 중요한 것은 우리 마음의 자세다. 오직 하나님만이 우리 안에서 그리고 우리를 통하여 영원한 일들을 행하실 수 있음을 진정으로 믿는가다.

우리는 이 글을 쓰고 있는 이 순간에도 '나를 도와주세요' 기도와 '나로 하여금' 기도를 가끔씩 혼용하고 있다. 그러나 하나님은 우리가 어떤 말을 사용하는지 개의치 않으신다. 그분의 관심은 마음 자세에 있다. 이 부분이 바로 강아지 성도와 고양이 신자가 나뉘는 곳이다. 다시 한 번 말하지만, 기도하는 우리의 자세는 하나님의 영광을 목적으로 해야 한다.

기도는 명령이다

돋보기가 빛을 한 곳에 모으는 것처럼 이제 우리의 주의를 한 곳에 집중시켜보자. 하나님은 우리가 기도하기를 원하실 뿐 아니라 우리의 모든 문제를 가지고 찾아오라고 명령하신다.

예수님은 당신이 그분께 나아오기를 원하신다. 당신을 초청하신다! "수고하고 무거운 짐 진 자들아 다 내게로 오라 내가 너희를 쉬게 하리라"(마 11:28). 그러나 이것은 단지 초청만이 아니다. 명령이다. "오라." 성경에는 이 초청과 명령을 담은 구절들이 많다.

시편 50편 15절이 그 하나의 예다. "환난 날에 나를 부르라 내가 너를 건지리니 네가 나를 영화롭게 하리로다."

"그러면 그것은 결국 내 삶을 안전하고, 아늑하고, 안락하고, 편안하게 만드는 것으로 되돌아가는 것 아닌가요?"라는 의문이 들 수도 있다. 좋은 질문이다. 그 답은 이렇다. 첫째, 하나님은 우리가 그분을 의지하기 원하신다는 사실을 잊지 마라. 만일 우리에게 삶을 위한 필요들과 문제들이 없다면 왜 그분을 의지하려 하겠는가? 기도하라는 것은 명령이기 때문에 강아지 성도들이 자신의 문제를 가지고 하나님께 나아가는 것은 그분을 존중하는 것이다. 하나님께 영광을 돌리는 것이다. 당신이 하나님을 존중하고 하나님께 영광을 돌리는 가장 좋은 방법은 당신의 문제와 필요를 그분께 가지고 가는 것이다. 그러나 이것은 "이 문제들을 해결해주셔서 내가 더욱 안전해지고 내 삶이 더욱 아늑하고 안락하고 편안하게 해주세요"라는 마음가짐이 아니라 그 문제들을 그분의 발아래 내려놓는 마음가짐으로 해야 한다.

왜 그런가? 그것은 하나님께서 그런 문제와 필요들에 응답하실 때 그분은 자신에게 합당한 영광을 받으시며 또한 우리는 가장 큰 기쁨을 얻기 때문이다! 하나님께 가장 큰 영광을 돌리는 일은 또한 우리에게 가장 큰 기쁨을 준다. 이 두 가지 목표는 서로 연결되어 있으며 따로 떼어낼 수 없다!

그렇다면 하나님은 모든 문제를 가져오라 말씀하시는 것인가?

그렇다. 모든 문제다. 당신은 혹시 그렇게나 많은 문제를 가지고 찾아가면 하나님이 당신을 질려 하시지 않을까 걱정할 수도 있다. 그렇지 않다. 하나님은 당신을 싫증내시지 않는다. 왜냐하면 당신이 그분을 자주 찾아갈수록 그분은 더 많은 영광을 받으시고, 그분이 응답하사 공급하실 때 그것을 보는 당신은 더 큰 기쁨을 받을 것이기 때문이다. 하나님은 자신의 영광을 드러내시고 당신에게 기쁨을 주시는 일을 결코 싫증내시지 않을 것이다!

기억하라. 기도는 하나님의 영광이 드러나고 우리의 기쁨이 충만해지는 일임을!

우리가 이런 마음가짐을 갖고 있으면, 천국 올림픽 때 메달이 주어지는 순간 예수님이 시상대 중앙에 홀로 서시게 될 것이다. 그분은 "100퍼센트"라고 새겨진 금메달을 받으실 것이고, 그 누구도 그 상급에 대해 자기 몫을 주장하지 못할 것이다. 그리고 은메달이나 동메달은 아예 없을 것이다.

이런 모습을 염두에 둘 때 "나는 내 영광을 다른 자에게…주지 아니하리라"(사 42:8)는 하나님의 선포와 "하나님 곧 우리 아버지께 세세 무궁하도록 영광을 돌릴지어다"(빌 4:20)는 바울의 통찰을 더욱 잘 이해할 수 있다. 당신의 기도는 응답받고 있는가? 당신은 자신의 기도가 응답되기를 원하는가? 당신은 충만한 기쁨을 원하는가? 그렇다면 하나님께 영광을 돌리는 그런 기도를 드리라.

이 장의 교훈

우리는 기도와 관련이 없는 것들을 살펴보았다. 기도는 고양이 신자처럼 태어나서 죽을 때까지 안전하고, 아늑하고, 안락하고, 편안한 삶의 방식을 구하며 살아가는 것이 아니다. 많은 그리스도인들이 기도를 이런 식으로 허비하며, 그들의 기도가 응답받지 못하는 이유가 이 때문이다.

기도와 관련되어 하나님께 영광을 돌리는 두 가지 모습이 있다. 첫째, 우리는 하나님 나라와 관련된 기도를 드림으로써, 그분을 의지함으로써, 그리고 우리의 모든 문제를 가지고 그분께 나아감으로써 하나님께 영광을 돌린다. 그리고 둘째, 하나님의 공급하심과 기도의 응답을 보면서 우리의 기쁨이 충만할 때 하나님께 영광을 돌린다.

5장

복이란
이런 것이다

성경은 기도의 으뜸가는 두 가지 목적을 보여준다. 그것은 하나님을 영화롭게 하는 것과 우리의 기쁨을 충만하게 하는 것이다. 우리가 '나로 하여금' 기도를 드리고 우리의 모든 문제를 가지고 하나님 앞에 나아갈 때, 하나님은 영광을 받으시고 우리는 더 많은 기쁨을 얻게 된다. 이로 인해 우리는 더 많은 기도 응답을 받을 뿐 아니라 하나님이 우리에게 복을 주신다.

하나님은 아브라함과 그의 후손들에게 복을 주겠다고 말씀하셨으며(창 12:2), 믿음으로 말미암아 우리는 아브라함의 후손이 되었다(롬 4:16, 갈 3:7). 하나님께로부터 복을 받는다는 것은 어떤 의미일까? 하나님께서 "내가 네게 복을 주겠다"고 말씀하실 때 그것은 무슨 의미일까? 어린아이가 침대맡에 무릎을 꿇고 "하나님, 엄마에게 복을 주세요. 하나님, 아빠에게 복을 주세요. 하나님, 할머니와 할아버지에게 복을 주세요"라고 기도할 때 어떤 일이 일어날까? 하나님은 그 기도에서 무엇을 들으실까? 그리고 무슨 생각을 하실까?

거의 모든 사람이 한 번 혹은 그 이상 하나님께서 다른 누군가

나 자기 자신에게 복을 주시도록 기도하며, 그것은 잘못된 기도가 아니다. 그러나 기억해야 할 것은, 다른 종류의 기도와 마찬가지로 우리는 이 기도에도 이기적이 되어서, 복을 구하는 고양이 신자와 같은 기도("주님, 제게 이런 복을 주십시오, 저런 복을 주십시오")를 드릴 수도 있고, 아니면 이기적이지 않은 강아지 성도와 같은 기도("주님, 제게 복을 주셔서 이 일을 통하여 당신의 이름을 영화롭게 하여 주옵소서")를 드릴 수 있다는 것이다.

우리는 이 장에서 하나님께서 우리에게 복주기를 얼마나 열망하시는지 살펴볼 것이다. 우리는 당신이 드린 복을 구하는 기도는 이미 대부분 응답되었고, 또 응답되고 있으며, 다만 그분의 복은 예상치 못한 방식으로 올 수 있기에 당신이 미처 깨닫지 못하고 있다는 사실을 이해하도록 도와주려고 한다. 에베소서 3장 20절은 이렇게 말씀한다. "우리 가운데서 역사하시는 능력대로 우리가 구하거나 생각하는 모든 것에 더 넘치도록 능히 하실 이에게." 우리가 구하거나 생각하는 것보다 더 많이? 정말이다. 하나님은 우리가 전혀 상상하지 못한 방법과 수단으로 우리에게 복 주실 수 있다! (이 말은 고양이 신자의 탐욕스러운 본성을 자극하지만, 강아지 성도의 마음에는 경외심을 불러일으킨다.)

구약에서 복을 의미하는 히브리어 바락(barak)은 모두 332번 나온다. 바락은 무릎을 뜻하는 명사에서 파생되었는데, 기도하며 무릎을 꿇는 것을 암시한다. 자신이 섬기는 왕 앞에 무릎을 꿇고 있는 기사의 모습을 그려보라. 왕은 복과 명예를 하사하기 위해 그에게 가볍게 칼을 댄다. 하나님의 복은 우리에게 여러 가지 형태로 찾아오는데, 그 안에는 성공, 번영 그리고 장수와 같은 것들이 포함된다(고양이 신자들이 좋아하는 것들이다!). 이런 복들은 우리가 누리고 싶어 하는 것이지만 또한 하나님이 보시기에도 좋은 것들이다. 어떻게 그럴까? 왕 앞에 무릎을 꿇은 기사의 모습으로 돌아가 보자.

기사의 자세는 왕이 그를 높여주고 있는데도 불구하고 왕에 대한 복종을 보여준다. 기도하는 가운데 하나님께 무릎을 꿇을 때 당신은 그분께 대한 복종을 드러냄으로써 그분을 높이는 것이다. (이것이 강아지 성도의 마음이다!) 달리 말하자면, 하나님이 우리에게 복을 주실 때 우리는 그분을 높이고 그분의 영광을 드러낸다.

구약에 나오는 복

구약에서 하나님의 복과 그분의 영광과의 관계가 어떻게 드러나고 있는지 두 가지 다른 방식으로 살펴보자.

하나님이 야곱에게 주신 복

첫째로 야곱을 생각해보자. 하나님은 세 가지 구체적인 사건을 통해 그에게 복을 주셨다. 그 세 가지 사건에서 복을 가리키는 말이 바락의 형태다.

- 창세기 27장에서, 야곱의 아버지 이삭은 그에게 복을 주었다 (야곱의 형인 에서의 몫이었던 장자의 복을 포함하여).
- 창세기 28장에서 하나님은 아브라함에게 주셨던 축복의 약속을 반복하셨다. 왜냐하면 야곱은 아브라함의 자손이었기 때문이다.
- 창세기 32장에서 야곱은 하나님께 복을 받을 때까지 그분과 씨름했다.

이렇게 세 번에 걸쳐 거듭 복을 받은 야곱의 인생은 어떠했는가? 솔직히 말해 그렇게 대단하지 않았다!

야곱은 형의 복을 훔치기 위해 아버지에게 거짓말을 했기 때문에 목숨을 잃을까 두려워 집에서 도망쳤다. 그는 외가 친척들이 살고 있던 밧단아람까지 달아났다. 야곱은 사랑하는 라헬과 결혼하기 위해 삼촌인 라반에게 순종하며 열심히 일했지만 결혼식날 밤에 라반이 그를 속이고 라헬 대신 언니 레아를 보냈다.

칠일 뒤에 야곱은 라헬과도 결혼을 했지만, 이후 그의 두 아내는 자식들을 통해 끊임없이 경쟁하고 다툼을 벌였다.

라반은 여러 차례 야곱의 품삯을 속였다.

몇 년 뒤, 야곱과 그의 가족은 라반을 떠나 고향으로 가는 긴 여행을 시작했다. 그는 오래전 자기가 훔쳤던 장자의 복 때문에 형이 자기를 죽일 수도 있다는 생각에 형과의 만남을 두려워했다.

그는 하나님과 씨름했는데, 그분이 그의 환도뼈를 어긋나게 하셔서 그는 남은 평생 다리를 절었다.

이 기록 하나만으로도 그가 어떤 복을 받았는지 짐작하기 어려운데 그것을 뒷받침하는 예가 더 있다!

야곱에게는 열세 명의 자녀가 있었는데, 그들은 가정 안에 문제를 일으켰다. 그들은 자기들의 동생인 요셉을 죽이려고 음모를 꾸몄다(야곱이 그를 편애했기 때문이다). 결국 죽이는 대신 요셉을 지나가는 상인들에게 노예로 팔았다. 형들은 아버지 야곱에게 무슨 일이 벌어졌는지 거짓을 고했고, 그 뒤 20년 동안 그 거짓말을 숨겼다. 결국, 야곱은 생애 마지막에 이르러서야 요셉이 살아 있고 애굽에서 높은 자리에 있음을 알게 되었고, 그곳으로 이주하였다.

야곱은 자신의 생애를 이렇게 요약했다. "내 나그네 길의 세월이 백삼십 년이니이다 내 나이가 얼마 못 되니 우리 조상의 나그네 길의 연조에 미치지 못하나 험악한 세월을 보내었나이다"(창 47:9). 그의 말이 옳다. 그것이 바로 야곱의 모습이었다. "내가 험악한 세월을 보내었나이다."

'험악하다'에 해당하는 히브리어는 라(ra)인데, 그것은 '악'을 의미한다. 야곱은 자신의 인생을 돌이켜보며 이렇게 한 마디로 요약한 것이다. "내 삶은 악했다." 야곱과 그의 온 가족은 오랜 시간 강도 높은 신학적인 상담을 받았더라면 좋았을 것이다. 그럼에도 그는 하나님께로부터 세 번에 걸쳐 복을 받았다. 하지만 누가 보더라도 야곱이 받은 복은 오늘날 고양이 신자들이 바라는 풍족한 삶과는 거리가 멀었다.

그렇다면 야곱은 도대체 하나님께 어떤 복을 받은 것일까?

두 가지를 생각해보라. 첫째, 복을 받았다는 말의 의미 가운데 하나는 '성공하다'이다. 둘째, 기도의 목적 가운데 하나는 하나님의 영광을 드러내는 것이다. 따라서 야곱이 세 번에 걸쳐 복을 받았기 때문에 우리는 그가 하나님의 영광을 드러내는 일이나 혹은 하나님의 이름이 높아지게 하는 일에 크게 성공했을 것이라 가정할 수 있다.

야곱은 하나님의 이름이 높임을 받으시게 했는가? 절대적으로 그렇다. 창세기를 시작으로 만군의 하나님께서는 자신을 아브라함과 이삭과 야곱의 하나님이라고 부르셨다. 야곱은 하나님을 지극히 유명하게 만들었고, 하나님은 그를 통하여 한 민족이 시작되게 하셨다. 야곱(하나님께 이스라엘이라는 새 이름을 받음)은 자신의 가족을 이끌고 애굽으로 갔으며, 그곳에서 이스라엘의 자녀들은 400년 동안 안전하게 보호받았다. 그리고 그 400년이 끝날 무렵 하나님은 자신을 위한 하나의 이름(이스라엘)을 지어 오늘날까지 이어지게 하셨다!

하나님은 야곱에게 특별한 복을 주셔서 하나님의 명성을 드높이는 일련의 사건들 가운데 핵심 인물로 삼으셨다. 그러나 야곱은 자신의 날들이 "험악했다"고 느꼈다. 왜 그런가? 어쩌면 야곱은 자신의 삶을 고양이 신자의 눈으로 보았을지도 모른다.

만일 당신이 하나님께 복을 달라고 구한다면 당신의 날은 '험악한' 날이 될 수도 있음을 알아야 한다. 많은 험한 일들이 당신에게 일어날 수 있다. 그것이 당신의 삶에 임한 하나님의 복일 수 있다. 고양이 신자들은 그런 상황을 싫어하지만, 강아지 성도들은 하나님께 쓰임받는 것이 설령 고난이나 죽음을 의미한다 해도 감사해한다.

하나님은 당신을 바라보시며 "나는 네 기도에 응답하여 네게 나를 유명하게 만들 기회를 주려고 한다. 나는 네 삶에 고난의 시간을 허락하려고 하며, 네가 그 시간을 거치는 동안 눈을 들어 나를 바라본다면 다른 사람들 사이에서 내 이름이 높아지고 나를 유명하게 만들게 될 것이다"고 말씀하실 수 있다. 이 말씀에 고양이 신자들은 이렇게 대답할 것이다. "고맙지만 사양하겠습니다. 제가 할 일은 아닌 것 같네요."

하나님이 요셉에게 주신 복

이제 요셉을 살펴보자. 그는 야곱이 총애한 아들이었다. 그 역시 큰 복을 받았고 성공했다. 실제로 성경은 이렇게 말씀한다. "여호와께서 요셉과 함께 하시므로 그가 형통한 자가 되어"(창 39:2). 고양이 신자 역시 형통한 사람이 되기를 바란다. 그러나 명심하라. 요셉은 자기 형들의 손에 노예로 팔려갔으며, 노예로서 육체적으로나 정서적으로 큰 고통을 겪었음을.

- 그는 집으로 돌아가지 못했다.
- 그는 몸에 걸칠 옷가지 하나 소유할 자유가 없었다.
- 그는 집도 없었다.
- 그는 가정도 없었다.
- 그는 낙타도 없었다.
- 그는 양도 없었다.
- 그는 다른 사람의 지시에 무조건 순종해야 했다.
- 그가 손을 대는 모든 것은 다른 사람의 소유가 되었다.

그렇다. 성경은 요셉이 형통했다고 말씀하지만, 그것은 오늘날 세상이 정의하는 그런 성공이 아니었다. 요셉은 하나님께서 그를 사용하셔서 그분의 이름에 영광을 돌리고 그분의 목적을 성취하는 복을 받고 성공했다. 요셉은 하나님을 유명하게 만들었다. 그는 하나님의 영광을 드러내고 보여주었다.

요셉은 애굽에서 노예로 있는 동안 다른 사람을 부자로 만들기 위해 힘들게 노동했다. 요셉 때문에 하나님은 요셉의 주인인 애굽 사람, 곧 이방인(하나님이 택하신 백성이 아닌 사람)의 가정에 복을 주셨다. 요셉에게 베푸신 하나님의 복 때문에 보디발의 집안이 번창했기에 보디발은 모든 것을 요셉의 손에 맡겼다(창 39:3-5).

우리가 하나님께 복을 달라고 기도할 때 우리 자신은 어떤 일을 공들여 훌륭하게 해내지만 정작 그 결과는 비그리스도인인 다른 사람을 부유하고 성공하게 하는 것으로 마칠 수도 있음을 기억해야 한다. 이것이 저주처럼 보일 수 있겠지만 그것은 우리가 하나님의 눈으로 보지 못할 때, 즉 여전히 기도가 우리의 삶을 안전하고, 아늑하고, 안락하고, 편안하게 만들어줄 것이라 기대할 때에만 그런 것이다. 그러나 하나님은 이것을 다른 관점에서 바라보시며 이렇게 말씀하신다. "아니다, 너는 나를 선하게 보이도록 만들었다. 이것이 내가 네게 복을 주는 방식이다. 나는 네가 일하는 동안 너와 함께하며, 다른 사람들이 너를 통해 나를 보게 될 것이다."

요셉은 애굽에서 두 번째로 높은 지위에 오르기(이것이야말로 우리가 좋아하는 스타일의 복이다!) 한참 전에, 아무것도 소유할 수 없던 그 때에도 여전히 하나님께로부터 큰 복을 받았다.

고양이 신자를 위한 삶의 교훈 : 복을 받는 것이 예상치 못한 방식으로 이루어질 때도 있음을 명심하라. 어떤 복은 안전하고 아늑하고 안락하고 편안하지 못하지만, 하나님의 부인할 수 없는 손자국을 보여준다.

신약에 나오는 복

신약은 복에 관해 무엇이라 말씀하는가? 신약에서 복을 가리키기 위해 사용된 헬라어는 여섯 가지나 되며, 각각 독특한 형태를 갖는다. 복을 받는 사람에게 초점을 맞추고 있는 단어는 마카리오스(*makarios*)인데, 50회 정도 사용되었다. 마카리오스의 기본 개념은 하나님께 온전히 만족하여 어떤 환경이 주어지더라도 평안과 기쁨을 누리는 것이다.

좀 더 깊이 살펴보자. 복 받는 것을 가리키는데 주로 사용된 신약 용어는 하나님께 만족한 상태와 관련이 있으며, 그렇기 때문에 우리는 주위 환경이 어떠하든 계속 평안과 기쁨을 누릴 수 있는 것이다.

이런 이유로 예수님은 이렇게 말씀하실 수 있었다. "온유한 자는 복이 있나니(*makarios*) 그들이 땅을 기업으로 받을 것임이요…의를 위하여 박해를 받은 자는 복이 있나니(*makarios*) 천국이 그들의 것임이라…나로 말미암아 너희를 욕하고 박해하고 거짓으로 너희를 거슬러 모든 악한 말을 할 때에는 너희에게 복이 있나니(*makarios*) 기뻐하고 즐거워하라 하늘에서 너희의 상이 큼이라"(마 5:5, 10-12).

우리가 어려운 환경 속에서도 하나님께로부터 온 평화와 기쁨을 소유하고 있을 때 다른 사람들은 그 평화와 기쁨을 주신 하나님에 관해 알고 싶어 하게 된다. 이것은 다른 사람들의 눈에 선하신 하나님을 보여주게 된다. 그리고 그분을 유명하게 만든다!

하나님이 주시는 복은 여러 가지 형태로 올 수 있으며 그중 어떤 것은 서로 반대되기도 하지만, 강아지 성도는 어떤 상황에서도 만족할 수 있다!

하나님이 스데반에게 주신 복

당신은 기립 박수를 받아본 적이 있는가? 어쩌면 어느 모임에서 멋진 연설을 했거나 운동 경기에서 대단한 플레이를 한 적이 있을지도 모른다. 당신은 그 기립 박수를 복이라고 부르는가? 상황에 따라 다르겠지만 그럴 수도 있고, 어쩌면 아닐 수도 있을 것이다. 그렇지만 만일 하나님께서 당신에게 기립 박수를 보내신다면 그것을 복으로 여기겠는가? 물론 그럴 것이다! 성경에서 바로 그 박수를 받은 유일한 인물을 살펴보자.

그의 이름은 스데반이다. 초대 교회 때 그는 공궤와 과부들을 보살피는 일을 위해 선출되었다. 그것은 높고 고상한 일은 아니었지만 스데반은 그 단순한 일을 충실하게 해냈다. 그는 하나님의 은혜와 권능이 충만하여 사람들 사이에 많은 표적과 기사를 행했다(행 6:8). 그의 지혜를 이겨낼 수 없는 사람들이 거짓말과 물리적 폭력을 사용하여 그를 제거하고자 했다. 결국 스데반은 돌로 쳐서 죽음을 당하는 형벌을 선고받았다.

스데반은 믿음을 위해 순교를 당하는 가운데 이렇게 말했다. "보라 하늘이 열리고 인자가 하나님 우편에 서신 것을 보노라"(행 7:56). 스데반은 막 숨을 거두기 직전에 예수님이 기립 박수를 보내시면서 천국에 입성하는 자신을 환영하고 계신 것을 보았다. 스데반은 평안했는가? 그렇다! "무릎을 꿇고 크게 불러 이르되 주여 이 죄를 그들에게 돌리지 마옵소서 이 말을 하고 자니라"(행 7:60).

이것은 그가 하나님께 큰 복을 받고 평안 가운데 있는 사람이라는 사실을 입증하기에 충분한 말이다. 스데반은 자신에게 벌어진 끔찍한 일에도 불구하고 충만한 기쁨을 맛보았다.

고양이 신자들은 하나님께 복을 달라고 구할 때 하나님께서 그들이 박해를 받도록 허락하실 수 있다는 사실을 알아야 한다. 그들은 사무실이나 학교에서 놀림을 받거나 따돌림당할 수도 있다. 그들은 신앙 때문에 모욕을 당할 수도 있다. 그들은 조롱을 받거나 악한 말을 들을 수도 있다.

이런 일이 일어날 때 고양이 신자들은 혼란스러워하고, 왜 하나님이 이런 일을 허용하시는지 의문에 빠진다. 그렇지만 명심하라! 그것은 당신이 드린 "하나님, 제게 복을 주세요"란 기도의 응답일 수 있음을. 하나님은 가끔씩 우리의 대적과 압제자가 우리에게 다가오도록 허락하시며 그 어려움 속에서 일어나는 일들을 통하여 그분의 영광이 드러나게 하신다.

강아지 성도들은 기쁨을 잃지 않고 이 어려움을 통과한다. 그 가운데 하나님께 영광을 돌리고, 하나님을 유명하게 하며, 그분이 가치 있는 분임을 드러낸다. 어떤 사람들은 이런 강아지 성도들을 보고 이렇게 생각한다. '나도 이 사람들이 가지고 있는 것을 갖고

싶어. 나도 그들처럼 하나님을 알고 싶어.'

하나님이 바울에게 주신 복

회심하기 전 바울은 그리스도인들이 하나님을 모독하고 있다고 생각했기 때문에 자기 손으로 그들을 체포하도록 허락하셔서 복을 받게 해달라고 하나님께 구했을 것이다. 그때 하나님은 바울의 눈을 멀게 하셨고 그에게 복을 주시려는 당신의 계획을 계시하셨다. 바울의 복은 천국을 위해 고난당하는 것이었다. "이 사람은 내 이름을 이방인과 임금들과 이스라엘 자손들에게 전하기 위하여 택한 나의 그릇이라 그가 내 이름을 위하여 얼마나 고난을 받아야 할 것을 내가 그에게 보이리라"(행 9:15-16).

바울은 고린도후서 11장 23-28절에서 자신이 복음을 위해 받은 고난들을 들려준다.

> 그들이 그리스도의 일꾼이냐 정신 없는 말을 하거니와 나는 더욱 그러하도다 내가 수고를 넘치도록 하고 옥에 갇히기도 더 많이 하고 매도 수없이 맞고 여러 번 죽을 뻔하였으니 유대인들에게 사십에서 하나 감한 매를 다섯 번 맞았으며 세 번 태장으로 맞고 한 번 돌로 맞고 세 번 파선하고 일 주야를 깊은 바다에서 지냈으며 여러 번 여행하면서 강의 위험과 강도의 위험과 동족의 위험과 이방인의 위험과 시내의 위험과 광야의 위험과 바다의 위험과 거짓 형제 중의 위험을

당하고 또 수고하며 애쓰고 여러 번 자지 못하고 주리며 목마르고 여러 번 굶고 춥고 헐벗었노라.

고양이 신자들은 바울의 삶을 어떻게 바라볼까? 그들은 이렇게 말할 것이다. "이 사람이 하나님께 복을 받았다고요?"

그렇다. 바울은 하나님을 높였고 하나님을 유명하게 만들었다. 하나님은 그를 택하셔서 여러 권의 신약 성경을 기록하게 하셨고, 그에게 앞으로 2천 년 동안 교회를 인도할 교리를 정립할 수 있도록 통찰력을 주심으로써 그를 높이셨다.

신약에서 강아지 성도가 정의하는 복이 무엇이었는지 기억하라. 그것은 하나님만으로 만족하여서 어떤 상황이 닥치더라도 평화와 기쁨을 누리는 것이다. 복음을 위해 고난을 받은 바울과 다른 사람들은 그런 평화와 기쁨을 누렸는가? 그렇다. 성경이 분명히 증거하고 있다. 예를 들어, 바울과 실라는 복음을 선포한 뒤에 붙잡혀서 옷이 벗겨지고, 매 맞고, 채찍질당하고, 감옥에 던져진 다음 차꼬에 채워졌다. 그리고 성경은 이렇게 기록한다. "한밤중에 바울과 실라가 기도하고 하나님을 찬송하매 죄수들이 듣더라"(행 16:25).

바울은 빌립보서에서 이렇게 기록했다. "내가 궁핍하므로 말하는 것이 아니니라 어떠한 형편에든지 나는 자족하기를 배웠노니 나는 비천에 처할 줄도 알고 풍부에 처할 줄도 알아 모든 일 곧 배부름과 배고픔과 풍부와 궁핍에도 처할 줄 아는 일체의 비결을 배웠노라"(빌 4:11-12).

시련인가, 복인가

우리는 "하나님, 제게 복을 주세요"라고 기도할 때 하나님은 우리의 기도에 응답하실 수많은 수단과 방법을 갖고 계시다는 사실을 살펴보았다. 그 수단과 방법은 우리가 보통 기대하는 안전하고 아늑하고 안락하고 편안한 방식으로 포장되어 있지 않다. 실제로 신약과 구약에서 우리 생각에 복을 받았다고 여겨지는 대부분의 사람은 극도로 힘든 시간을 보내야 했다.

- 아브라함은 복을 받았지만, 그는 자기에게 약속된 땅을 실제로 받지 못했다. 그 땅은 그의 후손에게 주어졌지만, 그것도 4백 년이 지난 다음의 일이다.
- 노아는 복을 받았으나, 그는 대홍수를 겪었고 그로 인한 여파를 견뎌내야 했다.
- 다윗은 복을 받았지만 삶과 죽음이 교차하는 상황들을 수없이 겪었으며, 그 와중에 그를 죽이려고 덤비는 사자, 곰, 골리앗, 사울 그리고 적군들과 마주쳤다.
- 다니엘은 복을 받았지만, 그는 굴 안에 갇힌 채 밤새도록 사자들과 함께 있어야 했다.

- 사드락과 메삭과 아벳느고는 복을 받았지만, 불 속으로 던져졌다.
- 베드로는 복을 받았지만, 십자가에 거꾸로 달렸다.
- 바울과 실라는 복을 받았지만, 채찍에 맞고 차꼬에 매인 채 감옥에 갇혔다.

지금 고양이 신자의 마음과 생각에 두 가지 일이 일어날 수 있다. 그들은 위의 목록을 보고 그런 삶은 복 받은 삶이라고 간주하지 않기로 결심할 수 있다. 왜냐하면 고난은 그들이 생각하는 복과 어울리지 않기 때문이다. 아니면 그들은 이 사람들이 그러한 복을 받기 위해 지불해야 했던 대가를 한 번도 고려해본 적이 없다. 왜냐하면 고양이 신자들의 기억력은 좋은 것에 동반되는 나쁜 것은 쉽게 잊어버리기 때문이다.

하나님이 주시는 복에 대해 말씀하고 있는 신·구약의 구절들을 살펴보자.

"볼지어다 하나님께 징계 받는 자에게는 복이 있나니"(욥 5:17). 최근에 누군가 당신을 사랑하는 마음으로 꾸짖은 적이 있는가? 그것이 당신을 낮아지게 만들었는가? 그 일은 당신이 하나님을 더욱 닮게 만들었는가? 나는 당신이 하나님께 복을 달라고 구했다고 믿는다. 왜냐하면 당신은 복을 받은 것이기 때문이다!

"누구든지 내게 들으며 날마다 내 문 곁에서 기다리며 문설주 옆에서 기다리는 자는 복이 있나니"(잠 8:34). 당신은 하나님께 듣고 있는가? 그분의 말씀을 듣고 깨달을 수 있는가? 그렇다면 당신은 하나님께 복을 받은 것이다.

"빈곤한 자를 불쌍히 여기는 자는 복이 있는 자니라"(잠 14:21). 당신은 최근에 불쌍한 사람을 도와준 적이 있는가? 어떤 식으로든 그들을 도와주기 위해 돈을 지출한 적이 있는가? 당신은 분명 "하나님, 제게 복을 주세요"라고 기도했을 것이다.

"그를 기다리는 자마다 복이 있도다"(사 30:18). 당신은 하나님을 기다리는가? 당신은 하나님을 기다리면서 그분이 휴가를 가신 것 같고 당신만 혼자서 믿음의 길을 걷고 있는 것 같은 느낌이 드는가? 그렇다면 당신은 "주님, 제발 제게 복을 주세요"라고 기도했음이 분명하다. 하나님은 당신의 기도에 응답하고 계신다. 만일 당신이 그분을 기다리고 있다면 성경은 당신이 복을 받았다고 말씀한다.

"여호와를 경외하며 그의 계명을 크게 즐거워하는 자는 복이 있도다"(시 112:1). 당신은 하나님을 경외(공경)하는가? 그분의 계명을 즐거워하는가? 당신은 전능하신 하나님께 복을 받았다. 기뻐하라! 당신은 부자가 아닐 수도 있고, 많은 것을 소유하지 않았을 수도 있지만 당신은 복을 받은 것이다!

"여호와께서 자기 백성에게 힘을 주심이여 여호와께서 자기 백성에게 평강의 복을 주시리로다"(시 29:11). 당신에게 힘이 있는가? 평강이 있는가? 그렇다면 당신은 복을 받은 것이다.

"시험을 참는 자는 복이 있나니"(약 1:12). 당신은 시련 가운데 인내하고 있는가? 그렇다면 복을 받은 것이다! 시련이 사라진 것이 아님을 명심하라. 복은 시련으로부터 벗어나는 데 있는 것이 아니라 그것을 인내하는 가운데 있다!

그리고 마태복음 5장의 산상 수훈을 잊지 말라. 이러한 당신은 복이 있다.

- 심령이 가난할 때
- 애통할 때
- 온유할 때
- 의에 주리고 목마를 때
- 긍휼히 여길 때
- 마음이 청결할 때
- 화평하게 할 때
- 박해를 받을 때
- 사람들이 당신에 대해 거짓말하고 욕할 때

고양이 신자들에게 이런 일들은 복으로 보이지 않지만, 하나님은 이와 같은 자들을 복된 자들이라 하신다. 우리가 기쁨으로 이 모든 일을 견딜 때 하나님을 높이게 되며, 그것이 바로 우리 삶의 가장 중요한 목적이다! 그것이 성공이며 그것이 바로 복이다!

복을 받는다는 것이 반드시 무언가를 얻는다는 의미는 아니다. 때때로 우리의 풍성한 소유가 하나님을 선하고 은혜로운 분으로 보이게도 하지만, 그분의 이름을 위해 고난당하고 순교하는 것 역시 그분을 높인다. 코리 텐 붐(Corrie ten Boom, 나치 강제 수용소에 끌려가 온 가족을 잃음), 조니 에릭슨 타다(Joni Erickson-Tada, 십대 때 전신마비가 됨), 캐시 버넬(Cassie Bernall, 콜롬바인 고등학교 총기 난사 사건 때 믿음을 지키고 총격으로 숨짐)과 같은 우리 시대 믿음의 영웅들을 생각하라. 그들은 모두 하나님께 영광을 돌리는 증거를 남겼다.

따라서 우리가 하나님께 복을 달라고 기도할 때 그 중심은 이런 것이어야 한다. "하나님, 제게 어떤 상황이 닥쳐와도 기쁨으로 충만하게 하시고, 그로 인하여 당신의 이름이 높아지게 해주십시오. 사람들이 우리의 삶을 보고 당신을 볼 수 있도록 우리에게 명예와 복을 허락해주십시오. 우리는 당신에게 무릎을 꿇습니다. 우리는 당신으로 말미암아 그리고 당신을 위하여 복을 받기 원합니다."

이 장의 교훈

우리는 고양이 신자들이 드리는 '내게 복을 주세요' 기도가 응답된다 하더라도 그것이 그들의 환경이 쾌적해지거나 순조로워지는 것이 아님을, 최소한 그들이 전에 이해했던 방식의 복이 아니라는 사실을 살펴보았다. 고양이 신자들이 평온한 삶에 초점을 맞추고 하나님을 위한 삶의 시각을 좁힐 때 그들은 하나님이 주시는 복을 제한하는 것이다.

강아지 성도들은 그들이 하나님께 더 가까이 갈수록 그분이 그들의 초점이 되고, 그분을 더욱 갈망할수록 안전하고 아늑하고 안락하고 편안한 삶이 별 의미가 없다는 사실을 잘 이해한다.

이것이 당신이 드러내는 증거인가, 아니면 어디에선가 작은 야옹 소리가 들리는가?

6장

기도할 때 분별하고 주의하라

우리는 앞장에서 하나님은 우리가 일반적으로는 예상하지 못하는 방식으로 우리에게 복을 주실 수 있음을 살펴보았다. 하나님은 우리의 삶에 적극적으로 역사하시고 우리의 기도에 즉시 응답하실 수 있지만, 우리는 그것을 알아채지 못할 수 있다. 고양이 신자들은 하나님께서 그들에게 주시는 복을 보지 못할 수 있다.

이 장에서 우리는 기도할 때 반드시 점검해야 할 두 가지 중요 사항에 대해 이야기하려 한다. 첫째, 우리가 하나님께 무언가를 요청할 때 그것에 신중해야 하고(우리는 이것을 '주의하다'라고 부른다), 둘째, 우리가 진정으로 원하는 것이 무엇이며 하나님의 응답이 우리에게 어떤 영향을 미칠지 잘 알아야 한다(우리는 이것을 '분별하다'라고 부른다).

이 책을 읽어온 당신은 이쯤에서 이런 생각을 할지도 모른다. "나는 기도의 중심이 하나님께 영광을 돌리는 것이라고 배웠어. 하지만 성경은 하나님께서는 우리가 이 세상에 있는 것들을 누리기 원하신다고 말씀하셔. 성경에도 쓰여 있잖아. '우리에게 모든 것을 후히 주사 누리게 하시는 하나님'(딤전 6:17)이라고. 그러니 하나님

6장 기도할 때 분별하고 주의하라 107

께 내게 복을 주서서 내가 즐겁게 누리되 하나님 나라를 세우는 것과는 관련이 없는 것들을 달라고 요청해도 괜찮지 않을까? 성경에는 내가 그분이 주신 것이 아니라 그분 안에서 가장 크게 기뻐할 때 하나님께서 내게 복을 주시리라는 말씀이 한 번이라도 나올까?"

이에 대해 성경은 하나님은 "자기를 찾는 자들에게 상 주시는 이"(히 11:6)라고 분명히 말씀하고 있다. 그러나 그 말씀이 하나님께서 그들, 혹은 누구에게나 건강과 물질을 주시겠다는 약속을 의미하지는 않는다. 하나님은 그들에게 이런 선물을 주실 수도 있지만, 반드시 그러셔야 하는 것은 아니다.

부자가 되기를 구하는 고양이 신자에게 그런 약속은 주어지지 않는다. 하나님은 강아지 성도들, 즉 그분 자신을 구하는 이들에게 상급을 약속하신다. 사실, 성경에 나오는 가장 큰 현세적인 복은 그 복을 직접 구하지 않은 이들에게 주어졌다고 볼 수 있다. 구약에는 하나님이 사람들에게 세상의 시각으로 볼 때 큰 부유함을 주신 예들이 있다. 그 가운데서도 하나님은 특히 아브라함, 다윗, 솔로몬 그리고 야베스 같은 이들에게 많은 재물을 주셨으며 바로 당신에게도 그런 재물을 주실 수 있다. 그러나 그 예들과 함께 당신이 주의하고 분별하여 기도드리는 데 도움이 되는 다른 흥미로운 예들도 있다.

60대가 되어 40번째 결혼기념일을 축하하던 한 부부에 관한 우스갯소리가 있다. 그 특별한 날에 착한 요정이 그들을 방문하여 서로에게 대단히 헌신적이었던 두 사람에게 각각 한 가지씩 소원을 들어주겠다고 말했다. 아내는 남편과 함께 세계일주 여행을 하고 싶다고 말했다. 그러자 그 즉시 '슝!' 하는 소리와 함께 그녀의 손에 비행기 표와 유람선 표가 쥐어졌다. 그리고 남편은 자기보다 30살 어린 여성이 동행하기를 원했다. 그러자 '슝' 소리와 함께 그는 90세로 변했다! 정말 사랑스러운 요정 아닌가!

이 이야기에는 훌륭한 교훈이 있다. 하나님은 우리의 기도에 우리가 구하는 대로 응답하실 수 있다. 그러나 언제나 그렇게 하시는 것은 아니다. 실제로 성경에는 기도에 대한 응답이 오히려 그 간구자들에게 올무가 된 예가 있다. 성경에 나오는 대표적인 세 가지 예를 통해 교훈을 찾아보기로 하자. 나아가 하나님께서 우리가 누리도록 베푸시는 것에 관해 말씀하시는 디모데전서 6장 17절에 합치될 뿐 아니라 확신을 가지고 기도하는 자리로 나아가자.

무엇을 구하는 것인지 주의하라

우리가 처음으로 살펴볼 본문은 구약의 민수기 11장에 나온다. 이스라엘 백성은 약속의 땅을 향해 광야를 여행하는 동안 하나님이 두 번이나 반석에서 물이 나게 하시고 매일 먹을 만나를 베푸시는 기적을 경험했다. 그리고 짧은 기간이기는 하지만 메추라기 고기를 먹었다.

그들은 일 년 동안이나 만나를 먹었고, 드디어 약속의 땅에 들어갈 때가 가까웠는데도 차라리 애굽으로 돌아가 다시 종노릇하는 것이 낫겠다는 말로 불평하기 시작했다. 민수기 11장 4절은 이렇게 말씀한다. "그들 중에 섞여 사는 다른 인종들이 탐욕을 품으매"('다른 인종'이란 이스라엘 백성과 함께 출애굽에 합류한 애굽인들을 가리킨다).

그들은 만나로 만족하지 않았다. 그들은 더 좋은 것을 원했다. 그들은 열 가지 재앙과 홍해가 갈라지는 사건을 목격했지만, 바다를 마른 땅처럼 걸어서 건넜지만 그리고 하나님께서 바닷물을 다시 합치심으로 애굽의 모든 군대가 물에 빠져 죽는 것을 보았지만, 그럼에도 불구하고 하나님의 공급하심에 만족하지 못했다.

고양이 신자들은 언제나 더 많은 것, 더 좋은 것을 원한다. 다른 인종들은 하나님께서 행하시고 베푸신 그 모든 것에도 불구하고 더 많은 것을 탐욕스럽게 요구했다.

다른 인종들만 더 많은 것을 욕심낸 것이 아니라 하나님을 믿는 백성조차도 그 불평의 목소리에 합류했다. "누가 우리에게 고기를 주어 먹게 하랴"(민 11:4). 다른 말로 하면 이런 것이다. "하나님, 우리는 당신이 지금 우리의 삶 가운데 계시는 것만으로 행복하지 않습니다. 우리를 향한 당신의 뜻으로는 충분하지 못합니다. 우리는 더 많은 것을 원합니다." 고양이 신자들은 수많은 대적의 위협 속에서 초자연적으로 살아남았지만, 단지 살아남은 것만으로는 만족하지 못했다. 이스라엘 백성은 그 이상을 원했다.

(만일 당신이 대형 TV, 고급 승용차, 별장 혹은 요트 같은 것들을 원한다면, 이렇게 자문해보라. 이것은 내가 주변 사람들의 욕심에 귀 기울이고 있기 때문은 아닌가? 왜 나는 하나님께서 이미 내게 주신 것들로 만족하지 못하는가? 내가 이런 부가적인 것들을 원하는 이유는 단지 친구들이 그것을 갖고 있기 때문은 아닌가? 아니면 '내가 원한다'는 그 사실이 중요하기 때문에 집착하는 것은 아닌가?)

이스라엘 백성은 애굽에서 자신들이 경험한 삶을 기억하지 못했을까? 당연히 기억했다. 그래서 그들은 이렇게 말했다. "우리가 애굽에 있을 때에는 값없이 생선과 오이와 참외와 부추와 파와 마늘들을 먹은 것이 생각나거늘 이제는 우리의 기력이 다하여 이 만나 외에는 보이는 것이 아무 것도 없도다"(민 11:5-6). 그렇다. 그들은 애굽에 있을 때 자신들이 누렸던 모든 좋은 것을 기억하고 있었으나, 고양이 신자인 그들은 그곳에서 종노릇하며 압제받던 고통들은 모두 잊었다. 고양이 신자들은 더 좋은 자동차, 별장 그리고 요트 같은 것들을 유지하는데 드는 비용과 수고와 보험과 채무 등이 아니라 그 물건들 자체에만 초점을 맞추는 선별적인 기억력을 가졌다. 고양이 신자들로부터 배울 교훈이 한 가지 있다. 당신이 소유하지 못한 좋은 것들에만 초점을 맞출 때 그에 대한 나쁜 기억들은 쉽게 잊는다는 것이다. 이것은 이스라엘 백성으로 하여금 그들이 놓치고 있는 좋은 것들은 그들이 잊어버린 나쁜 것들과 함께 온다는 사실을 기억할 수 있는 좋은 기회다!

그래서 하나님은 이스라엘 백성에게 고기를 주셨는가? 그분은 그들의 기도를 들어주셨는가? 아니면 그들에게 불평을 그만 멈추라고 명령하셨는가? 하나님은 모세를 통해 이렇게 응답하셨다. "너희의 몸을 거룩히 하여 내일 고기 먹기를 기다리라 너희가 울며 이르기를 누가 우리에게 고기를 주어 먹게 하랴 애굽에 있을 때가 우리에게 좋았다 하는 말이 여호와께 들렸으므로 여호와께서 너희에게 고기를 주어 먹게 하실 것이라 하루나 이틀이나 닷새나 열흘이나 스무 날만 먹을 뿐 아니라 냄새도 싫어하기까지 한 달 동안 먹게 하시리니"(18-20절).

우와, 이 말씀은 엄청난 기도 응답처럼 들리지 않는가? 고양이 신자들은 이런 식의 대답을 들을 때 흥분한다. 그들은 이렇게 생각했을지도 모른다. '나는 요트 한 척이 아니라 두 척 아니 세 척을 갖게 될 거야! 나는 별장 한 채만으로 끝이 아니라 전국 각지에 여러 채의 별장을 갖게 될 거야! 정말 멋지다! 하나님은 정말로 아브라함과 다윗과 솔로몬에게 주셨던 것과 같은 복을 내게 주시려나봐.'

그러나 이스라엘 백성에게 고기를 주신 이 '복'은 저주가 되기로 작정되어 있었다. 본문을 계속 읽어보자. 하나님은 그 백성들이 한 달 동안 계속해서, "냄새만 맡아도 질릴 정도로"(20절, 쉬운성경) 고기를 먹을 것이라고 말씀하셨다. 뭐라고? 하나님이 그들에게 고기를 주시는데 구역질이 나서 진저리를 칠 정도로 주시려 한다고? 그렇다. 그것이 바로 성경이 말씀하는 내용이다. 하나님은 왜 그렇게 하실까? 모세는 다시 말한다. "이는 너희가 너희 중에 계시는 여호와를 멸시하고 그 앞에서 울며 이르기를 우리가 어찌하여 애굽에서 나왔던가 함이라"(20절).

이스라엘 백성이 고기를 달라고 요청한 것이 어떻게 하나님을 거부하는 것이 되었는가? 아니, 그들은 단지 고기를 달라고 요청한 것이 아니었다. 기억하라. 하나님은 우리의 말만 들으시는 것이 아니다. 그분은 우리의 마음이 원하는 것을 모두 아신다. 이스라엘 백성의 마음가짐을 살펴보면 하나님의 반응이 더욱 분명해진다. 시편 78편 18-19절은 이스라엘 백성이 이 음식을 요구함으로써 의도적으로 하나님을 시험했다고 말씀한다. 그들은 겸손히 요청한 것이 아니라 교만하게 요구했다. 그들은 하나님을 시험했다. 그들은 애굽에서 모든 기적과 출애굽을 목격했음에도 만족할 줄 모르는 악한 마음의 동기를 가지고 은혜로우신 하나님께 더 많은 것을 요구했다.

하나님은 그들의 불평이 사실상 당신에 대한 거부임을 아셨다. 바로 이것이 우리가 기도할 때 우리의 마음 상태를 분별해야 하는 이유다. 그리고 우리는 자기 자신에게 진실을 가리는 습성이 있으므로 우리의 마음 상태를 살피려면 특별한 관심과 집중이 필요하다. 심장마비(heart attack)가 사전에 아무런 경고 없이 갑자기 찾아올 수 있는 것처럼 '고양이 습격'(Cat attacks)도 마찬가지다. 그들의 마음을 계속해서 벗겨보면 더욱 보기 흉한 것들이 드러난다. 고린도전서 10장 6절은 이스라엘 백성이 즐겨했던 것이 "악"이었다고 말씀한다. 우리가 하나님이 주신 것에 만족하지 못하기 때문에 어떤 것을 즐기고 갈구할 때 성경은 그것이 주님 보시기에 악이라고 말씀한다.

하나님께서 이스라엘 백성이 그렇게 원하던 고기를 주신 결과는 어떠했는가? "고기가 아직 이 사이에 있어 씹히기 전에 여호와께서 백성에게 대하여 진노하사 심히 큰 재앙으로 치셨으므로 그 곳 이름을 기브롯 핫다아와라 불렀으니 욕심을 낸 백성을 거기 장사함이었더라"(민 11:33-34). 많은 사람들이 자신의 욕심과 악의 결과로 죽음을 맞이했다. 이에 적합한 오래된 격언이 있다. "당신이 구하는 것이 정말 무엇인지 조심하라. 그대로 이루어질지 모른다." 이것이 바로 우리가 기도를 분별해야 하는 이유다. 물질에 대한 이스라엘 백성의 욕망은 하나님께 대한 거부로 이어졌다. 방금 전에 하나님과 함께 기적의 사건들을 경험했음에도 불구하고 그들이 가진 고양이의 마음은 결국 자비로우신 하나님을 거절하고 만 것이다.

우리가 하나님께 물질을 구했는데 결국 그분을 거부하는 결과로 이어지는 것이 가능한 일인가? 그리고 오늘날에도 하나님이 주신 물질 때문에 우리도 탈이 날 수 있는가? 절대적으로 그렇다. 하나님은 당신에게 별장을 주실 수 있는데, 그것을 수리하느라 지나치게 많은 금액을 지출하는 바람에 재정적으로 재앙이 될 수 있다. 아니면 요트를 하나 갖게 되었는데 너무나 많은 말썽을 일으키는 바람에 차라리 없었더라면 좋았을 것이라고 생각하게 될 수도 있다. 혹은 더 근사한 자동차를 갖게 되었지만 유지비용이 만만치 않아 결국 더 경제적인 자동차가 좋았을 거라고 후회하게 될 수도 있다. 그리고 새로 구입한 TV가 생각한 만큼 훌륭하지 않아서 차라리 그 돈으로 다른 것을 구입하는 것이 나았을 거라고 생각할 수도 있다.

그러므로 조심하라. 하나님은 당신이 구한 복을 주실 수 있지만 그분은 거기에 저주를 덧붙이실 수도 있음을! "만군의 여호와가 이르노라 너희가 만일 듣지 아니하며 마음에 두지 아니하여 내 이름을 영화롭게 하지 아니하면 내가 너희에게 저주를 내려 **너희의 복을 저주하리라** 내가 이미 저주하였나니 이는 너희가 그것을 마음에 두지 아니하였음이라"(말 2:2, 강조 추가).

한 자리에 모여 차를 마시던 숙녀들의 모임에 관한 우스갯소리가 있다. 여러 사람이 힝클마이어(Hinklemeyer) 부인이 끼고 있던 커다란 다이아몬드 반지에 찬사를 보내기 시작했다. 그녀는 그들에게 너무 부러워하지 말라고 경고하며 이렇게 말했다. "무엇보다 말예요, 이 반지에는 힝클마이어의 저주가 붙어 있답니다." 처음 듣는 그 말에 그들은 의아한 표정을 지었다. 그러자 부인은 얼굴을 찡그리며 이렇게 속삭였다. "힝클마이어의 저주는 바로 내 남편 힝클마이어랍니다."

그렇다. 축복에는 그 이면에 저주가 있을 수 있다. 고양이 신자들은 자신의 잘못은 쉽게 용서한다. 또한 우리도 물질을 요구해놓고서 하나님을 거부했다고는 꿈에도 생각하지 못한다. 실제로 우리가 한 일이 바로 그것임에도 불구하고 말이다. 우리에게는 우리의 마음을 점검해야 하는 명백한 이유가 있다. 만일 물질에 대한 우리의 바람이 탐욕과 욕망이 된다면 우리는 하나님을 거부하고 있는 것이다.

탕자 이야기

이제 두 번째 예인 신약에 나오는 탕자의 비유를 살펴보자. 어떤 아들이 아버지를 찾아가 자기 몫의 유산을 미리 달라고 요구했고 아버지는 그 청을 들어주었다. 그러자 아들은 신이 나서 집을 나섰다. 그러나 결국 재산을 전부 탕진하고는 뉘우치는 마음으로 아버지에게 돌아갔다.

당신에게 익숙한 이야기일 테지만 이야기 초반부에 일어난 일에 내포된 의미를 감지하지 못했을 수도 있다. 아버지는 사실상 아들이 자기를 떠나가도록 돈을 대준 셈이다. 아버지는 아들에게 물려줄 유산을 미리 넘겨줌으로써 아들이 자기 곁을 떠날 수 있게 해준 것이다.

고양이 신자들은 무엇을 기도할 것인지 매우 조심할 필요가 있다. 왜냐하면 그들의 마음을 하나님께로부터 멀어지게 만들 것을 구할 수 있기 때문이다. 그것은 하나님께서 이스라엘 남자들에게 이방 여인과 결혼하지 말라고, 그 때문에 그의 마음이 하나님께로부터 돌아서게 될 것이라고 하신 경고와 같은 것이다(왕상 11:2). 그렇다! 그리고 그 경고는 솔로몬 왕의 삶을 통해 입증되었다. 그는 많은 다른 나라들에서 아내를 들임으로써 그의 마음이 하나님께로부터 돌아서게 되었고, 나라는 우상으로 가득하게 되었다. 그 요트, 그 별장, 그 멋진 승용차, 그 대형 TV 아니 어떤 것이든 그것이 하나님께 대한 거부의 시작이 아닐 수도 있지만, 고양이 신자의 마음을 부추길 수 있는 가능성은 농후하다. 그러므로 기도할 때 주의하라. 고양이 신자들은 물질, 특히 하나님 나라를 세우는 것과 직접 연결되지 않는 것들을 위해 기도할 때 매우 조심해야 한다.

당신은 이렇게 질문할지도 모른다. "하나님은 우리의 요구를 들어주실 경우 우리가 그분으로부터 멀어질 것임을 아시면서 왜 그것을 주시나요?"(이것은 앞에서 다룬 생각이다. 우리의 잘못을 하나님 탓으로 돌리기 말이다!) 그 답은 간단하다. 하나님은 축복을 받고도 살아남을 수 있는 그리스도인들을 찾고 계시는 것이다. 고양이 신자들의 생존율은 높지 않다. (어쩌면 그래서 고양이에게는 목숨이 9개가 있다는 속담이 생긴 것인지도 모르겠다!)

이것은 한가한 잡담이 아니다. 말라기 2장 2절을 보라. "만군의 여호와가 이르노라 너희가 만일 듣지 아니하며 마음에 두지 아니하여 내 이름을 영화롭게 하지 아니하면 내가 너희에게 저주를 내려 너희의 복을 저주하리라." 하나님은 당신이 고양이 신자에게 복으로 주신 바로 그것을 저주하실 수 있다. 우리가 하나님께 구하는 복은 만일 우리가 그분과 그분의 이름에 합당한 명예에 초점을 맞추면서 강아지 성도의 마음을 유지하지 못한다면 오히려 그분이 저주하시는 것이 될 수 있다.

영적으로 보일 것인가, 영적일 것인가?

우리가 살펴볼 세 번째 예는 에스겔 14장 1-3절에 나온다. "이스라엘 장로 두어 사람이 나아와 내[에스겔] 앞에 앉으니 여호와의 말씀이 내게 임하여 이르시되 인자야 이 사람들이 자기 우상을 마음에 들이며 죄악의 걸림돌을 자기 앞에 두었으니 그들이 내게 묻기를 내가 조금인들 용납하랴." 한 무리의 지도자가 하나님께 질문하려고 나아왔지만, 그들의 마음은 그분을 따르지 않았다. 주님은 그 장로들이 그분의 길에는 조금도 관심이 없다는 것을 알고 계셨다. (그들의 야옹거리는 소리가 내 귀에 들리는 것 같다!) 그들은 "경건의 모양"(하나님께 질문하려고 찾아오는 행위)은 있었으나, 경건한 마음은 갖고 있지 않았다.

나는 마음속으로 강아지 복장을 한 채 "나는 일요일에만 이 복장을 입어요"라고 말하는 고양이의 모습을 그려본다. 겉으로 보기에, 그들은 하나님을 구하는 것처럼 보였다. 경건한 사람에게 조언을 구하기 위해 찾아간 그들은 영적인 것처럼 보였다. 그러나 속으로 그들은 다른 모든 세속적인 사람들이 구하는 것들을 구했다. 돈과 그것이 가져다주는 힘은 고양이의 먹이이며, 그들의 삶을 안전하고 아늑하고 안락하고 편안하게 만들어줄 수 있는 것들이다.

왜 그들은 구태여 선지자를 찾아가는 번거로운 일을 했을까? 그들은 하나님께서 자기들을 영적인 사람으로 생각해주시기를 원했다. 그들은 다른 사람들이 자기를 영적인 사람이라고 생각해주기를 원했다. 그리고 그들은 자기가 원하는 것이 무엇이 되었든 선지자가 동의해줄 것을 바랐다. 누군가 당신을 찾아와 경건한 조언을 구하지만 실제로는 당신에게서 자신이 원하는 답을 찾던 사람을 만난 적은 없는가? 예를 들어, 결혼 생활에 만족하지 못하는 남편과 아내들은 상담가를 찾아가 "그런 집이라면 당장 나가세요!"라는 말을 듣고 싶어한다. 그들은 자신이 원하는 바를 인정해줄 권위 있는 누군가를 찾고 있다.

이것이 바로 에스겔의 본문이 우리에게 보여주는 내용이다. 고양이 신자들은 하나님께서 그들이 무엇을 하기 원하시는지에는 조금의 관심도 없이 자기가 원하는 것들을 복으로 달라고 하나님께 요청하러 나아간다. 그러나 그들이 원하던 응답을 받지 못하면 보통 어떤 일들이 일어나는가? 그들은 실망한 채 그 자리를 벗어나지만 자기가 추구하던 일들을 계속 행동으로 옮기거나, 아니면 자기들의 의견에 호의적인 다른 누군가를 찾아간다. 자신의 견해에 동의하는 사람을 만날 때까지 계속 찾는다. 그들은 하나님께서 자기들의 계획이나 꿈을 승인해주셔서 그들이 원하던 일들을 기분 좋게 하게 되기를 바란다. 적어도 그들은 그리스도인들이니 말이다.

하나님께 우리가 매우 종교적인 것처럼 보이지만 사실은 우상숭배에 지나지 않는 일을 승인해달라고 요구할 때 하나님께서는 어떻게 하시는가? 에스겔 14장 4절을 보자. "그런즉 너는 그들에게 말하여 이르라 나 주 여호와가 말하노라 이스라엘 족속 중에 그 우상을 마음에 들이며 죄악의 걸림돌을 자기 앞에 두고 선지자에게로 가는 모든 자에게 나 여호와가 그 우상의 수효대로 보응하리니."

하나님께서 구하는 사람의 우상에 맞게 보응하실 것이라는 말은 어떤 의미인가? 그 말은 두 가지 가운데 하나를 의미할 수 있다. 첫째, 하나님은 그런 기도에 전혀 응답하지 않으실 수 있고 또한 그의 우상숭배를 회개하라고 말씀하실 것이다. 그러나 두 번째로, 하나님이 이스라엘 백성에게 그러셨듯, 그리고 아버지가 탕자에게 그랬던 것처럼, 고양이 신자들이 그 우상숭배에 빠지도록 허용하실 것이다. 하나님은 우리 마음대로 길을 가도록 내버려두시고 그것이 그분의 길인 것처럼 착각하도록 허용하실 것이다. 바꾸어 말해, 그분은 우리가 스스로의 탐욕에 빠져서 앞을 보지 못하게 되도록 허용하실 것이다.

이것이 곧 하나님께서 사람들을 그들의 죄악에 내버려두신다는 말씀의 의미다(롬 1:24). 왜 하나님께서 이렇게 하시는 것일까? 에스겔서에서 이렇게 말씀하신다. "이는 이스라엘 족속이 다 그 우상으로 말미암아 나를 배반하였으므로 내가 그들이 마음먹은 대로 그들을 잡으려 함이라"(14:5). 하나님은 고양이 신자를 강아지 성도로 만들기 원하신다. 하나님은 우리의 마음을 되찾기 원하신다. 우리가 겸손히 당신과 동행하고 당신을 즐거워하기 원하신다! 그런데 어떻게 우리를 우상에 내버려두심으로써 그 일을 이루실 수 있을까? 하나님을 향한 우리의 열심이 그러한 죄악에서 우리를 멀어지게 함으로써 어느 순간에, 마치 탕자처럼, 우리가 처한 빈곤과 비참함을 깨닫고 우리의 주인이신 하나님께 돌아가게 되는 것이다.

우리는 기도에 조심해야 한다! 그렇지 않으면, 하나님의 임재로부터 우리 자신이 멀어지는 것을 구할 수도 있다. 이것은 교회와 교회 지도자 모두를 향한 경고이기도 하다! 당신이 무엇을 하려는지 결정을 내릴 때 그것이 하나님의 뜻으로부터 벗어나는 기회가 되지 않도록 조심하라. 이런 이유로 성경은 일관되게 말씀한다. "하나님 아는 것을 대적하여 높아진 것을 다 무너뜨리고 모든 생각을 사로잡아 그리스도에게 복종하게 하니"(고후 10:5).

디모데전서 6장 17절이 언급하고 있는 삶을 편하게 만드는 것들을 위해 기도해도 되는가? 그렇다. 그러나 조심해야 한다. 무엇을 구할지 주의하라. 그리고 그 응답이 당신과 당신의 마음에 어떤 영향을 끼칠지 분별하라.

기도할 때 분별하고 조심하라.

이 장의 **교훈**

강아지 성도들은 자신이 구하는 것에 대해 조심스러운 태도를, 자기가 구하는 것이 무엇이며, 그 응답이 자신에게 어떤 영향을 미칠지 분별하고 주의하는 법을 배워나간다.

고양이 신자들은 오로지 자신이 원하는 바를 얻는 데만 관심을 둠에도 결코 얻지 못한다.

고양이 신자들은 자신이 이미 소유한 것에 만족하는 법이 없다. 그래서 갖고 있지 않은 것에 욕심을 낸다.

고양이 신자들은 '선택적' 기억력을 갖고 있어서, 자신이 현재 소유하지 못한 것에 초점을 맞추고 있을 때에는 그와 관련된 나쁜 점들은 쉽게 잊어버린다(자신들이 애굽에서 노예였던 사실을 잊어버린 이스라엘 백성처럼).

고양이 신자들은 자신의 마음과 생각을 하나님께 두지 못할 때 그들이 받은 기도 응답의 복이 저주로 이어질 수 있다는 사실을, 즉 하나님이 주신 복이 그들이 기도하기 전보다 더 나쁜 상황을 만들 수도 있다는 사실을 깨닫지 못한다.

강아지 성도들은 자신이 무엇을 구하는지 조심하며, 때문에 그것을 받더라도 그것은 그들이 원했던 것은 아닐 것이다.

고양이 신자들은 하나님께서 그들이 구하는 것을 주실 수도 있지만, 그분은 또한 그들을 되찾으시려고 그들을 그 구하는 것에 '버려' 두실 수도 있음을 배우지 못한다.

7장

하나님이
응답하시는 때

정비소에 차를 맡기면서 "고치는 데 얼마나 걸릴까요?"라고 묻는 것은 당연한 일이다. 그런데 우리는 하나님께 우리의 요청을 제출하면서 "하나님, 언제쯤이면 당신의 응답을 기대할 수 있을까요?"라고 묻고 싶은 유혹에 빠진다.

한 작은 마을의 중심가에 문을 연 나이트클럽이 있었다. 그 마을에 단 하나 있던 교회는 철야 기도회를 갖고 하나님께 그 가게를 불태워달라고 기도드렸다. 몇 분 뒤 번개가 그 클럽에 떨어져 불이 붙는 바람에 건물 전체가 무너져내렸다. 클럽 사장은 교회를 상대로 소송을 걸었지만 교회는 자기네 책임이 아니라고 주장했다. 양측의 주장을 모두 들은 판사는 이렇게 말했다. "이상하군요. 나이트클럽 사장은 기도의 능력을 믿고 있는데, 교회는 그렇지 못하니 말입니다."

이 책은 기도의 초점을 하나님과 그분의 나라에 맞추도록 인도하기 위해 쓰였다. 그러나 그럼에도 우리는 응답을 받는 데 걸리는 시간이 너무 길어 실망할 때가 자주 있다. 이 장에서는 하나님이 우리의 기도에 응답하시는 때에 관해 알아보기로 하자.

응답이 신속하게 오는 경우

때로는 응답이 신속하게 오기도 한다. 창세기 24장에서 아브라함은 자기 아들 이삭의 신붓감을 찾기 위해 종을 보냈다. 그 종은 목표로 삼고 가던 곳 근처의 우물에서 하나님이 선택하신 이삭의 신붓감을 만나게 되면 그녀가 자기에게뿐 아니라 자기가 끌고 온 낙타에게도 물을 주게 해달라고 기도했다. 그리고 그는 "말을 마치기도 전에"(창 24:15) 리브가라는 이름의 아가씨가 어깨 위에 물동이를 메고 다가오는 것을 보았다. 리브가는 그와 그의 낙타들에게 물을 퍼주었다. 그 종이 기도를 미처 끝내기도 전에 기도 응답이 신속히 이루어졌다. 그리고 리브가는 이삭의 아내가 되었다. 그렇다. 하나님은 우리의 기도를 신속하게, 정말로 신속하게 응답하실 수 있다.

신약에서 하나님은 베드로를 위해 교회가 드린 기도에 신속하게 응답하셨다.

이에 베드로는 옥에 갇혔고 교회는 그를 위하여 간절히 하나님께 기도하더라…이에 베드로가 정신이 들어 이르되 내가 이제야 참으로 주께서 그의 천사를 보내어 나를 헤롯의 손과 유대 백성의 모든 기대에서 벗어나게 하신 줄 알겠노라 하여 깨닫고 마가라 하는 요한의 어머니 마리아의 집에 가니 여러 사람이 거기에 모여 기도하고 있더라 베드로가 대문을 두드린대 로데라 하는 여자 아이가 영접하러 나

왔다가. 사도행전 12:5, 11-13

교회가 베드로의 석방을 위해 기도하고 있던 그 순간에, 그리고 비록 하나님께서 신속하게 응답하실 것이라고 믿지 못했음에도 불구하고(14-16절), 하나님은 천사를 보내 베드로를 옥에서 풀어주셨다.

이 사례는 모든 기도가 이렇게 빨리 응답될 수 있다는 의미인가? 성경에 나오는 다른 예들을 더 연구해보자.

기다려야 하는 때

형들의 손에 노예로 팔려가 억울한 죄를 뒤집어쓰고 몇 년 동안 감옥에 갇혀야 했던 요셉의 이야기를 생각해보자.

왕의 떡 맡은 관원장과 술 맡은 관원장이 요셉과 같은 감옥에 들어왔다. 하나님이 정하신 완벽한 계획 아래 이 두 사람은 같은 날 밤 각각 꿈을 꾸었다. 요셉은 그 꿈들을 해석해주었다.

술 맡은 관원장이 옥에서 풀려날 즈음 요셉은 이렇게 말했다. "당신이 잘 되시거든 나를 생각하고 내게 은혜를 베풀어서 내 사정을 바로에게 아뢰어 이 집에서 나를 건져 주소서"(창 40:14). 그리고 비록 본문은 직접 언급하고 있지 않지만 요셉은 즉시 그리고 항상 무릎을 꿇고 기도했을 것이다. "오 주님, 제발 술 맡은 관원장이 바로에게 저에 대해 말해주도록 해주세요."

하나님께서 술 맡은 관원장이 바로에게 요셉에 대해 말하게 하시기까지 얼마나 오랜 시간이 걸렸을까?

> 만 이 년 후에 바로가 꿈을 꾼즉 자기가 나일 강 가에 서 있는데… 술 맡은 관원장이 바로에게 말하여 이르되 내가 오늘 내 죄를 기억하나이다 바로께서 종들에게 노하사 나와 떡 굽는 관원장을 친위대장의 집에 가두셨을 때에 나와 그가 하룻밤에 꿈을 꾼즉 각기 뜻이 있는 꿈이라 그 곳에 친위대장의 종 된 히브리 청년이 우리와 함께 있기로 우리가 그에게 말하매 그가 우리의 꿈을 풀되 그 꿈대로 각 사람에게 해석하더니.
>
> 창세기 41:1, 9-12

술 맡은 관원장이 바로에게 요셉에 대해 말하기까지 2년이라는 세월이 흘렀다. 즉, 하나님께서 요셉의 기도에 응답하시기까지 요셉은 그 춥고 눅눅한 감옥에서 2년을 더 머문 것이다. 만일 요셉이 고양이 신자였다면, 그는 그 2년 동안 기도하는 것을 포기했거나, 아니면 자신이 영적으로 부족하기 때문에 하나님께서 기도에 응답하시지 않을까 불안해하며 세월을 보냈을 것이다.

때때로 하나님은 신속하게, 우리의 기도가 미처 끝나기도 전에 응답하신다. 그러나 때로는 천천히, 하나님께서 우리의 기도를 잊어버리셨을 것이라 생각될 정도로 천천히 응답하신다.

아브라함도 그렇게 생각할 수 있었다. 아브라함이 아들 이삭과 같은 나이에 결혼했다면 그의 나이는 40세였을 것이다. 그와 사라는 아마 그 무렵부터 아들을 놓고 기도했을 것이다. 하나님께서 아브라함에게 고향과 아버지의 집을 떠나라고 말씀하셨을 때(창 12:1) 그의 나이는 75세였다. 이것은 35년이 흘렀다는 의미다. 그의 기도는 35년이 지나도록 응답받지 못했던 것이다.

그때 하나님께서 아브라함에게 나타나 그의 몸에서 태어날 아들에 대해 약속하셨다(창 15장). 아브라함이 가나안에서 10년째 살고 있었으므로, 그의 나이는 85세가 된다. 이삭이 태어났을 때 아브라함의 나이는 일백 살이라는 고령이었다.

하나님은 페덱스(FedEx) 같은 택배회사가 아니시다. 우리의 모든 기도가 "무슨 일이 있어도 하룻밤이 지나면 제자리에 도착"하는 것은 아니다. 어떤 기도 응답은 거의 평생이, 혹은 더 오래 걸리기도 한다.

당신은 이스라엘 백성이 애굽에서 종노릇하고 있었을 때 자유를 달라고 얼마나 자주 그리고 얼마나 뜨겁게 기도했을 것이라고 생각하는가? 아마도 항상 그리고 엄청난 강도로 했을 것이다. 그리고 하나님은 그들의 기도를 들어주시기까지 얼마나 오랫동안 기다리셨을까? 우리는 창세기 15장 13절에서 하나님이 아브라함에게(그때의 이름은 아브람이었다) 이렇게 말씀하시는 것을 볼 수 있다. "너는 반드시 알라 네 자손이 이방에서 객이 되어 그들을 섬기겠고 그들은 **사백 년 동안** 네 자손을 괴롭히리니"(강조 추가). 그들의 기도는 400년 동안이나 응답받지 못했다. 이 말은 처음 기도를 시작한 사람들은 평생 동안 응답을 받지 못했다는 의미다. 그리고 그의 자녀들도, 또한 그의 손자들도 마찬가지였다. (고양이에게 9개의 목숨이 필요한 것도 이상한 일이 아니다. 그들의 기도가 응답받으려면 그만큼 오랜 세월이 필요하니 말이다!)

왜 기다려야 하는가

응답을 받기까지 오랜 시간이 걸릴 경우 우리에 대한 하나님의 반응과 지시는 분명히 "기다려라"이다.

그러면 우리는 "왜 그런가요?"라고 물어볼 수 있다.

하나님은 우리가 기다리는 동안 우리 안에 어떤 일을 진행시키고 계실 수도 있다. 또한 다른 누군가를 기다리시거나 진행시키고 계실 수도 있다. 하나님은 아브라함에게 약속의 땅은 그의 것이지만 앞으로 400년 동안은 아직 아니라고 말씀하셨다. 왜냐하면 그 땅에 거하고 있던 아모리 족속의 죄악이 아직 가득 차지 않았기 때문이다(창 15:16).

그 이유가 무엇이든, 그리고 우리가 그 이유를 알지 못할지라도, 하나님이 우리에게 요구하시는 것은 기다리라는 것이다.

고양이 신자들은 즉각적인 응답을 받는 것에 초점을 맞추고 있기 때문에 왜 하나님께서 그들에게 기다리기를 원하시는지 시간을 내 알아보려고 하지 않는다. 그러나 우리는 왜 하나님께서 우리가 기도에 대한 응답을 보기 전에 기다리게 하시는지 여섯 가지 이유를 살펴보기로 하자.

- 하나님은 당신으로부터 단순히 인정만 받고 싶으신 것이 아니라 당신과 관계를 맺고 싶어 하신다.
- 하나님은 우리가 배우는 데 오랜 시간이 필요한 깊이 있는 교훈을 배우기 원하신다.
- 하나님은 우리가 겸손하게 기도하기를 기다리신다.
- 하나님은 우리가 인내를 배우기 원하신다.
- 영적 세력들의 싸움 때문에 응답이 지연되기도 한다.
- 강아지 성도들이 기다리는 동안 올려드린 찬양은 하늘에 계신 아버지를 더 영화롭게 한다.

이제 그 이유들을 하나씩 살펴보기로 하자.

기도란 관계다

하나님이 우리를 기다리게 하시는 첫 번째 이유는 이것이다. 하나님은 우리의 기도를 들으실 때 무엇보다 우리와의 관계에 관심을 갖고 계신다. 하나님은 시편 18편에서 우리를 기뻐하신다고 말씀하신다. 스바냐 3장 17절에서는 그분이 우리로 말미암아 즐거이 부르며 기뻐하신다고 말씀한다. 그리고 요한복음은 그분이 우리를 너무도 사랑하사 독생자를 주셔서 우리가 그분과 영원히 함께 있게 하셨다고 말씀한다.

간단히 말하자면, 하나님은 우리를 사랑하신다. 만일 당신이 누군가를 사랑한다면, 그 사람과 함께 시간을 보내고 관계가 발전되기를 원할 것이다. 하나님이 우리와 방해받지 않는 시간을 보내실 수 있는 가장 좋은 방법 가운데 하나는 우리가 기도하는 동안이다. 그러나 만일 우리가 언제나 우리의 기도에 신속한 응답을 받는다면 하나님과만 집중적으로 시간을 보내는 일은 거의 없을 것이다. 그렇게 되면 우리는 기독교란 우리가 원하는 것을 원할 때 얻기 위함이 아니라 관계를 위함이라는 사실을 곧 망각하게 될 것이다.

베스 무어(Beth Moore)는 자신의 책 『하나님의 말씀으로 기도하기』(*Praying God's Word*)에서 이렇게 말한다. "하나님은 우리가 단지 구원받는 것보다는 구원자를 알아가는 것에 더욱 관심을 두신다는 사실을 절대 잊지 마라."*

기독교는 다른 무엇보다 하나님과의 관계가 우선이다. 당신의 기도 시간을 하나님을 기뻐하는 일, 그분을 알아가는 일, 그분과 친구가 되는 일에 사용하라. 단순히 기도 목록을 죽 나열하려고 하지 마라. 하나님은 당신이 그분을 친밀하게 알아가기를 원하시

---

* Beth Moore, *Praying God's Word: Breaking Free from Spiritual Strongholds*(Nashville: B&H Publishing Group, 2009), 128.

지 당신이 원하는 것을 얻기 위해 그분을 이용하는 것을 원하시지 않는다.

깊은 교훈은 배우는 데 시간이 걸린다

하나님께서 우리의 기도에 대한 응답에 시간을 두시는 두 번째 이유는 이것이다. 하나님은 우리가 배우는 데 많은 시간이 걸리는 심오한 교훈을 갖고 계신다. 우리가 깊은 교훈을 배울 때까지 하나님은 응답을 미루신다.

이 사실을 염두에 둘 때, 어떻게 참을성 없는 고양이 신자들이 강아지 성도처럼 기도할 수 있겠는가? 고양이 신자들은 기도할 때 하나님의 초점은 어디에 계신지 생각할 필요가 있다. 그리고 이렇게 말해야 한다. "주님, 만일 제가 배워야 할 교훈이 있다면, 제가 그 교훈을 다 배울 때까지 제 기도에 응답하지 말아주세요. 제게는 기도에 대한 응답보다 그 교훈이 훨씬 더 필요할 수 있습니다. 당신은 제가 영원에 이르도록 준비하고 계시니, 저는 인내하겠습니다."

요셉은 이 마음을 어떻게 갖게 되었는지 주목해보자. 요셉은 처음에 교만한 마음으로 시작했다. 그래서 부모님과 형들이 자기에게 절할 것이라고 말했다(창 37장). 그러나 그의 마지막은 겸손했다. 그리고 형들을 용서하고 하나님의 절대주권 안에서 마음의 평안을 얻었다(창 50:15-21). 이러한 변화가 하룻밤 사이에 일어났을까? 그렇지 않다. 하나님께서 요셉에게 역사하셔서 하나님이 원하시는 성품을 얻기까지 오랜 시간이 걸렸다.

우리도 마찬가지다. 하나님은 우리의 기도에 응답하시기 전에 우리에게 많은 일을 행하기 원하신다. 이 사실에 비추어 하나님께서 우리에게 기다리라고 말씀하시는 세 번째 이유를 알 수 있다.

하나님은 우리가 겸손히 기도하기 원하신다

우리는 항상 큰 그림을, 즉 우리나 다른 사람들이 배워야 하는 교훈이 있는지를 보지 못한다. 때문에 우리는 교만하게 요구하기보다는 겸손하게 기도해야 한다. 이것은 받아들이기 어려운 말일지 모르지만, 우리의 기도에 대한 즉각적인 응답은 우리를 향한 하나님의 우선순위에서 두 번째일 수 있다. 그분은 즉각적인 응답 대신 우리 안에 인내와 성품을 개발하시려고 오랜 시간에 걸쳐 천천히 응답하기로 선택하실 수 있다. 이를 요약해주는 유명한 격언이 있다. "하나님은 당신의 안락함보다는 당신의 성품에 관심을 두신다."

하나님은 당신의 기도에서뿐 아니라 당신의 삶에서도 겸손을 보고 싶어하신다.

르호보암의 왕국이 세워졌을 때(대하 12장) 그와 온 이스라엘은 하나님의 율법을 버렸다. 하나님은 슬퍼하셨고 그들의 교만을 벌하시려고 애굽 왕 시삭으로 하여금 이스라엘을 공격하게 하셨다. 이스라엘 방백들이 두려움에 떨고 있을 때, 하나님은 그들에게 한 선지자를 보내 여호와의 말씀을 전하셨다. "너희가 나를 버렸으므로 나도 너희를 버려 시삭의 손에 넘겼노라." 르호보암과 이스라엘의 방백들은 스스로를 낮추고 이렇게 말했다. "여호와는 의로우시다"(대하 12:6)! 주님은 그들의 마음이 바뀐 것을 보시고 선지자에게 이 말씀을 주셨다. "스스로 겸비하였으니 내가 멸하지 아니하고 저희를 조금 구원하여 나의 노를 시삭의 손을 통하여 예루살렘에 쏟지 아니하리라"(7절).

겸손은 하나님이 우리의 삶에 역사하시게 하는 동력이다. 우리 자신을 하나님 앞에서 낮추는 것은 여러 가지 다른 모습으로 드러난다. 그 가운데 가장 큰 것은 인정과 복종의 영역에서 나타난다. 우리는 어떤 상황에서도 하나님의 뜻과 계획과 목적을 알 수 없다. 그래서 강아지 성도들은 그분의 시간표에 순종한다. 이것이 바로 풀무불 앞에 선 사드락과 메삭과 아벳느고의 태도였다. "우리가 섬기는 하나님이 계시다면 우리를 맹렬히 타는 풀무불 가운데에서 능히 건져내시겠고 왕의 손에서도 건져내시리이다 그렇게 하지 아니하실지라도 왕이여 우리가 왕의 신들을 섬기지도 아니하고 왕이 세우신 금 신상에게 절하지도 아니할 줄을 아옵소서"(단 3:17-18). 이 세 청년은 하나님께서 자기들을 풀무불에서 건져내실 것이라는 절대적인 확신은 없었다. 다만 하나님이 뜻하신다면 그렇게 하시리라는 확신이 있었다. 그들의 태도와 기도는 모두 겸손했다. 하나님께서 그들의 기도를 존중하신 핵심적인 이유가 이 때문이다.

겸손은 또한 예수님이 십자가를 두고 고민하실 때 보이신 그분의 태도이기도 하다. 예수님의 마음이 동요하셨던 것은 분명하다. 그분은 하나님께 "이 고통의 잔"(cup of suffering, NLT)을 옮겨달라고 요청하셨다. 그러나 곧 겸손히 이렇게 아뢰셨다. "그러나 내 원대로 마시옵고 아버지의 원대로 되기를 원하나이다"(눅 22:42).

예수님이 겸손히 기도하셨음에도 하나님의 응답은 여전이 '노'(No)였음에 주목하라. 겸손한 기도는 하나님이 요구하시는 것이지만 겸손 그 자체가 우리의 뜻대로 할 수 있다는 보장은 아니다. 하나님은 주권자이시며, 그분의 목적과 그분의 길이 가장 좋은 것이다.

만일 당신이 이런 겸손한 태도를 취한다면 당신의 기도생활이 얼마큼이나 변화되겠는가? 강아지 성도들은 하나님의 보좌 앞에 담대히 나아가 그분께 구원해달라고 요청해야 하지만, 그와 동시에 이렇게 말씀드려야 한다. "주님, 저는 제 뜻이 아니라 당신의 뜻이 이루어지기를 원합니다. 저는 겸손히 이것을 구하며 당신의 계획에 맡깁니다. 저는 당신이 원하시는 것이 제가 구하는 것과 다를 수 있음을 잘 알고 있습니다. 그리고 만일 그렇다 하더라도 괜찮습니다. 저는 당신의 뜻에 따르겠습니다."

하나님은 우리가 기도 가운데 인내하기 원하신다

하나님께서 때때로 기다리라고 말씀하시는 네 번째 이유는 우리에게 기도 가운데 인내하는 법을 가르치시려는 것이다. 하나님은 우리가 끈기 있게 기도하며 포기하지 않기를 원하신다고 분명히 말씀하셨다. 예수님은 불의한 재판관을 포기하지 않고 찾아가 자신의 권리를 주장한 한 과부의 이야기를 예로 드셨다.

> 이르시되 어떤 도시에 하나님을 두려워하지 않고 사람을 무시하는 한 재판장이 있는데 그 도시에 한 과부가 있어 자주 그에게 가서 내 원수에 대한 나의 원한을 풀어 주소서 하되 그가 얼마 동안 듣지 아니하다가 후에 속으로 생각하되 내가 하나님을 두려워하지 않고 사람을 무시하나 이 과부가 나를 번거롭게 하니 내가 그 원한을 풀어 주리라 그렇지 않으면 늘 와서 나를 괴롭게 하리라 하였느니라 주께서 또 이르시되 불의한 재판장이 말한 것을 들으라 하물며 하나님께서 그 밤낮 부르짖는 택하신 자들의 원한을 풀어 주지 아니하시겠느냐 그들에게 오래 참으시겠느냐.
> 누가복음 18:2-7

이 말씀이 당신의 기도생활에 어떤 변화를 일으키겠는가? 우선 내(밥) 기도생활이 어떻게 바뀌었는지 말해보고 싶다.

나는 내가 LSD 기도라고 이름 붙인 기도 방법을 배웠다. 그것은 길고(long), 꾸준하고(steady), 훈련된(disciplined) 기도를 말한다. 바꾸어 말해, 지난 30년 동안 내가 꾸준히 기도해오고 있는 제목들이 있다. 나는 이 기도들을 대학에 다니면서부터 시작했다.

"주님, 저를 깨뜨리시고 당신이 원하시는 사람으로 만들어주옵소서."(나는 올해 50세가 되었고 아직도 이 기도를 드리고 있다.)

"주님, 저를 거룩하게 만들어주옵소서. 제가 당신을 사랑하게 하옵소서."

"주님, 제가 아내를 사랑하게 해주소서."(나는 이 기도를 지난 20년 동안 드리고 있다.)

나는 이 기도들을 드리고 또 드린다. 왜냐하면 나는 항상 더 깨질 수 있고, 더 거룩해질 수 있으며, 하나님을 더 사랑할 수 있고, 내 아내를 더 사랑할 수 있기 때문이다. 나는 이 기도들에 대한 응답이 시간이 걸린다는 것을, 그것도 아주 많은 시간이 걸린다는 것을 잘 알고 있다. 한 사람의 경건한 성품이 세워지는데 즉효약은 없다. 나는 매일 밤낮으로 하나님 앞에 나아가라는 명령을 받았고, 불의한 재판장을 찾아간 과부처럼 이 기도들을 계속 드릴 것이다.

[우리가 '프레어 투 고'(Prayer To Go)라는 사역을 시작한 한 가지 이유는 사람들이 하나님 앞에 나아갈 때 기도하는 가운데 인내하며 훈련된 기도를 할 수 있게 해주는 LSD 기도를 드리도록 도와주기 위해서다. 더 자세한 정보를 원하면 www.PrayerToGo.com 을 방문해보라.]

우리가 하나님 앞에 찾아가고 또 찾아가고 또 찾아갈수록 그분과 더 많은 시간을 함께하게 된다는 사실을 기억하라. 그러면 그런 시간들은 어떻게 작용하겠는가? 그 시간은 우리와 하나님의 관계를 더욱 굳게 세우는 데 도움이 된다. 기독교는 무엇보다 관계를 중심으로 한다. LSD 기도는 우리가 계속 하나님을 의지하고 그분과의 관계 가운데 성장하도록 도와준다.

영적인 싸움이 하나님의 응답을 지연시킬 수 있다

우리의 기도가 응답받기 전에 먼저 기다려야 하는 다섯 번째 이유는 영적 영역에서 일어나는 선과 악의 싸움 때문이다. (그렇다. 우리가 보지 못하는 세계에서 우리를 둘러싼 영적 전쟁이 실제로 벌어지고 있다.)

성경은 다니엘이 기도한 뒤 하나님께서 즉시 응답을 보내셨지만 그는 3주를 기다려야 했다고 말씀한다. 한 천사가 다니엘에게 이렇게 말했다. "다니엘아 두려워하지 말라 네가 깨달으려 하여 네 하나님 앞에 스스로 겸비하게 하기로 결심하던 첫날부터 네 말이 응답 받았으므로 내가 네 말로 말미암아 왔느니라 그런데 바사 왕국의 군주가 이십일 일 동안 나를 막았으므로 내가 거기 바사 왕국의 왕들과 함께 머물러 있더니"(단 10:12-13). 영적 세계의 보이지 않는 전쟁이 다니엘의 기도 응답을 21일 동안 늦춘 것이다.

우리 주위에는 우리가 결코 알지 못할 일들이 일어나고 있다. 하나님의 전체적인 계획이 우리가 전혀 예상치 못한 방식으로 진행되고 있을 수도 있고, 우리를 집어삼키려는 영적 전쟁이 우리가 보지도 느끼지도 못하는 사이에 진행되고 있을 수도 있다. 불의한 재판장을 계속 찾아갔던 끈질긴 과부처럼 강하지 성도들은 천상에서 벌어지고 있는 영적 전쟁 때문에 기도 응답이 늦어질 수 있다는 사실을 알고 끈기 있게 인내할 수 있다.

기다리는 동안 하나님을 찬양할 때 그분은 더 큰 영광을 받으신다

하나님께서 우리에게 기도 응답을 기다리게 하시는 여섯 번째 이유는 그렇게 함으로써 그분의 신실하심에 대한 우리의 찬양이 더욱 커지기 때문이다. 사드락과 메삭과 아벳느고의 믿음에서 그 예를 살펴보자. 그들이 구원받으리라는 보장은 없었지만, 그럼에도 불구하고 그들은 결과가 어떠할지라도 하나님을 찬양하기로 결심했다. "우리가 섬기는 하나님이 계시다면 우리를 맹렬히 타는 풀무불 가운데에서 능히 건져내시겠고 왕의 손에서도 건져내시리이다 그렇게 하지 아니하실지라도 왕이여 우리가 왕의 신들을 섬기지도 아니하고 왕이 세우신 금 신상에게 절하지도 아니할 줄을 아옵소서"(단 3:17-18).

기도 응답을 받기 전에 하나님을 찬양하고 그분을 신뢰하는 것은 응답을 받은 후 그렇게 하는 것보다 훨씬 더 영광스럽다. 고양이 신자들은 자신의 요청이 성취된 다음에 하나님을 찬양하는 것이 당연하지만, 강아지 성도들은 응답을 받기 전에도, 심지어 응답을 받지 못할 때조차도 항상 찬양한다.

고양이 신자들은 영광보다는 감사에 기도의 초점을 맞춘다. 감사는 누군가가 당신에게 행한 어떤 것에 대해 고마움을 전하는 것이다. 영광은 누군가의 성품에 대하여 감사하는 태도다. 감사는 우리 자신을 바탕으로 삼고, 영광은 다른 사람의 인격을 바탕으로 삼는다. 우리의 찬양은 단순히 하나님께서 우리를 위해 행하신 어떤 것에 대한 감사에 지나지 않을 때가 많다. 반면 하나님이 어떤 분이신지를 기억하며 그에 대해 그분께 영광을 돌리는 시간은 너무 적다.

현재 우리의 사역은 재정적으로 약해진 상태다. 만일 하나님께서 신속하게 행동해주지 않으시면 우리는 아무것도 남지 않게 될 것이다. 그럼에도 하나님께 드리는 우리의 찬양은 풍성하며 그분께 그만한 영광을 돌린다. 왜냐하면 우리에게는 비록 돈은 없지만 여전히 하나님의 신실하심을 선포하기 때문이다. 돈이 마련된 다음 하나님을 찬양하는 것은 쉬운 일이지만, 지금이야말로 하나님께 가장 영광을 돌릴 수 있을 때다. 우리는 하나님께서 우리를 기다리게 하신다고 믿는다. 그리고 그 사실 때문에 평화를 누린다. 비록 삶이 편리하거나 편안하지는 못하더라도 우리가 그럼에도 기뻐할 수 있는 것은 우리의 기쁨이 그분 안에 있기 때문이다.

하나님은 당신이 기다리는 동안 그분의 영광스러운 찬양을 선포하시기 위하여 당신을 기다리게 하실 수 있다. 기억하라. 강아지 성도에게 기다림은 응답이 오기 전이라도 영광스러운 것일 수 있음을.

이 장의 교훈

첫째, 하나님은 때때로 우리의 기도에 신속하게 응답하시지만, 매우 천천히 응답하시는 때도 있다. 그 늦어지는 순간에 하나님은 "기다려라"고 말씀하신다.

병원에 가면 예약을 했더라도 보통은 기다리는 시간이 있다. 나(제럴드)는 그 시간 동안 이런 의문을 갖는다. 의사는 지금 무얼 하고 있을까? 지금까지 한 사람도 들어오거나 나가는 것이 보이지 않고, 아무런 소리도 들리지 않는데, 의사가 안에 있기는 한 걸까?

이와 마찬가지로, 고양이 신자들은 올바른 이해가 부족하여 하나님이 무언가를 하고 계시는 건지, 심지어 존재하고 계시는지, 혹은 듣고 계시기는 한 건지 의심한다.

그러나 강아지 성도들은 확신 가운데 거하며 안심한다. 그들은 하나님을 기다리는 것은 많은 성경 인물들이 배워야 했던 값진 교훈임을 잘 알고 있다. 하나님은 당신에게 기다리라고 요구하실 수 있다. 당신은 오직 한 가지 질문만 하면 된다. 내가 지금 기도하고 있는 것은 하나님 나라를 위한 것인가, 아니면 내 나라를 위한 것인가? 만일 이것이 하나님 나라를 위한 것이라면, 인내심을 갖고 평안 가운데 기다리는 법을 배우라.

8장

'노'(No)라고
응답하시는
하나님

하나님은 우리의 기도에 대해 기다리라고 말씀하실 수 있다는 사실을 알아보았다. 그것은 그렇게 기다리는 동안 그분이 행하기 원하시는 다른 무언가가 있기 때문이다. 그것은 하나님이 응답하기 원하지 않으신다는 의미가 아니라 우리의 기다림이 그분을 더욱 기쁘시게 하는 일을 이룰 것이라는 의미다. 그리고 우리는 하나님께서 왜 우리를 기다리게 하시는지 여섯 가지 이유를 살펴보았다.

이 장에서는 왜 하나님께서 우리의 기도에 가끔씩 '노'라고 응답하시는지에 대한 답을 알아보려고 한다.

우리는 성경에서 명백하게 "노"라고 응답된 11개의 기도를 살펴보고, 하나님께서 때때로 그렇게 응답하시는 네 가지 중요한 이유를 발견하였다. 그것은 우리 삶에 존재하는 죄, 하나님의 뜻에서 벗어난 것을 구하는 것, "노"가 "예스"보다 하나님께 영광이 되는 경우 그리고 이기적인 기도다.

이제부터 이 네 가지 이유를 자세히 살펴보고 하나님께서 '노'라고 응답하시는 이유를 알아보기 위해 성경에 나오는 11개의 기도를 살펴보려고 한다. 그런 다음 하나님께서 우리의 기도를 거부하시는 다른 이유들을 알아보기로 하자.

회개하지 않은 죄

하나님께서 우리의 기도에 '노'라고 응답하시는 이유 가운데 하나는 기도하는 사람이 지은 죄 때문이다. 구약에 나오는 한 가지 예가 모세의 경우다. 모세가 이스라엘 백성을 애굽에서 인도하여 낸 뒤 그들은 광야를 지나가야 했는데, 그곳에서 그들은 하나님과 모세를 여러 차례 원망했다. 그 가운데 두 번은 물이 없다는 원망이었다.

첫 번째 원망이 터지자 하나님은 모세에게 반석을 지팡이로 쳐서 물이 나오게 하라고 명하셨다. 모세는 반석을 쳤고, 물이 나왔다. 두 번째 원망이 생기자 하나님은 모세에게 반석에게 명하여 물이 나오게 하라고 명하셨다. 그러나 본문을 계속 읽어보자. "모세가 그의 손을 들어 그의 지팡이로 반석을 두 번 치니 물이 많이 솟아나오므로 회중과 그들의 짐승이 마시니라 여호와께서 모세와 아론에게 이르시되 너희가 나를 믿지 아니하고 이스라엘 자손의 목전에서 내 거룩함을 나타내지 아니한 고로 너희는 이 회중을 내가 그들에게 준 땅으로 인도하여 들이지 못하리라 하시니라"(민 20:11-12).

나중에 모세는 자신의 삶을 돌아보며 이 사건에 대해 이렇게 회상했다. "그 때에 내가 여호와께 간구하기를 주 여호와여 주께서 주의 크심과 주의 권능을 주의 종에게 나타내시기를 시작하셨사오니 천지간에 어떤 신이 능히 주께서 행하신 일 곧 주의 큰 능력으로 행하신 일 같이 행할 수 있으리이까 구하옵나니 나를 건너가게 하사 요단 저쪽에 있는 아름다운 땅, 아름다운 산과 레바논을 보게 하옵소서 하되 여호와께서 너희 때문에 내게 진노하사 내 말을 듣지 아니하시고 내게 이르시기를 그만해도 족하니 이 일로 다시 내게 말하지 말라"(신 3:23-26).

하나님께서 모세의 요청을 거절하신 이유는 그의 죄 때문이었다.

사울 왕은 하나님보다 사람의 칭찬을 위해 살았고, 그래서 하나님께서는 두 번에 걸쳐 그의 요청을 거부하셨다(삼상 14:37, 28:6-7).

다윗은 다른 사람의 아내와 동침한 후 그녀가 임신한 사실을 알고 그의 남편을 살해하는 죄를 범했다. 그 아기가 태어나고 아프게 되자 다윗은 하나님께 아이의 목숨을 살려달라고 간구했다. 그러나 하나님은 '노'라고 거절하셨고 아이는 죽었다. 왜냐고? 다윗의 죄 때문이다(삼하 12:14-18).

시드기야 왕은 하나님께로부터 아무런 도움을 받지 못했고, 오히려 그는 죄로 말미암아 자기가 구한 것과 정반대되는 상황에 직면하였다(렘 21:1-9).

성경에서 하나님이 '노'라고 응답하신 11개의 기도 가운데 다섯 가지는 죄 때문에 거부되었다. 그렇다면 우리는 이 사실을 어떻게 적용해야 하는가? 우리 삶의 모든 영역 가운데 죄가 있는지 샅샅이 살펴보아야 하는가? 그렇기도 하고, 아니기도 하다.

요한복음 16장 8절은 우리의 죄를 책망하시는 것은 성령님의 역할이라고 말씀한다. 우리가 그분의 말씀에 귀를 기울이면 그분의 시간표에 대해 전적으로 확신하게 될 것이다. 그분은 우리가 우리의 모든 죄를 단번에 해결할 수 없다는 사실을 알고 계신다. 우리는 스스로에게 매질을 하거나 강박관념에 사로잡혀 삶의 모든 것을 점검하면서 "이것이 죄일까? 저것이 죄일까?"라는 질문을 던질 필요는 없다. 하나님은 그분의 약속을 이루실 것이며 성령님은 그분의 일을 행하실 것이다.

그러므로 우리는 겸손하게 혹시라도 우리 삶에 죄가 자리잡고 있는 곳을 보여달라고 요청하고 드러난 죄를 회개하기 위해 겸손히 준비해야 한다. 왜냐하면 우리 안에 있는 고양이 신학 때문에 죄에 무감각해져 있기 때문이다.

성경은 우리가 속을 수 있다고 경고한다. "그러나 성령이 밝히 말씀하시기를 후일에 어떤 사람들이 믿음에서 떠나 미혹하는 영과 귀신의 가르침을 따르리라 하셨으니 자기 양심이 화인을 맞아서 외식함으로 거짓말하는 자들이라"(딤전 4:1-2).

"자기 양심이 죽었다"(4:2 NLT). 문제는 당사자는 이 사실을 모른다는 점이다. 그는 자신이 귀신과 미혹하는 영을 따르고 있다는 사실을 알지 못한다. 왜냐하면 그는 진리를 알지 못하기 때문이다. 그는 자신이 올바로 행한다고 생각하지만, 실제는 그렇지 않다. 그는 자신이 영적이라고 생각하지만, 실제는 그렇지 않다. 그는 자신이 바른 길을 걷고 있다고 생각하지만, 전혀 아니다.

우리 삶에 존재하는 죄는 우리가 하나님께로부터 받기 원하는 응답을 가로막는다. 그리고 우리는 그러한 죄의 패턴을 깨닫지 못한 채 속고 있을 수 있다.

만일 당신이 자신의 죄에 어떠한 의문이나 의혹이 있다면, 주위에 있는 경건하고 영적으로 성숙한 사람에게 당신을 영적인 면에서 점검해달라고 부탁하라. 그에게 당신 삶의 어떠한 영역에 관해서든 통렬한 질문을 던지게 해보라. 그리고 하나님께서 어떤 점을 구체적으로 인도하시는지 살펴보게 하라. 하나님은 당신의 눈을 가리고 있는 무지를 벗겨내시려고 이런 과정을 사용하실 것이다.

하나님의 뜻에서 벗어난 기도

하나님이 '노'라고 응답하시는 두 번째 이유는 그분은 우리와 다른 계획을 갖고 계시기 때문이다. 하나님의 계획을 이해하는 우리의 견해는 제한적이고 부족하다.

이러한 예는 모세, 엘리야 그리고 요나의 삶에서 볼 수 있다. 이들은 모두 하나님께 자신을 죽여달라고 청했다. 그러나 하나님은 그것이 그분의 뜻이 아니기 때문에 '노'라고 응답하셨다.

하나님의 백성을 보살핀다는 사명의 무게는 버거웠다. 모세는 그 무거운 짐을 홀로 지고 있다고 느꼈고, 그래서 하나님께 자신을 죽게 해달라고 구했다(민 11:14-15). 그러나 모세에게는 하나님의 백성을 약속의 땅으로 인도해야 하는, 오랜 시간에 걸쳐 완수해야 할 일이 있었다.

요나는 죽기를 원했다(욘 4:8-11). 그러나 그 요청은 허락되지 않았다. 하나님께서는 요나의 목숨을 거두시기보다 그가 그분을 더 잘 알기를 원하신 것 같다.

엘리야는 바알 선지자들과의 싸움에서 큰 승리를 거둔 뒤에 죽기를 원했다. 엘리야는 외로움을 느꼈고 악한 사람들로부터 추격을 당했다(왕상 19:1-4). 하나님은 엘리야에게 이렇게 말씀하셨다. "나는 네가 피곤하다는 것을 안다. 그리고 네가 정서적으로 고갈되었다는 것도 안다. 그러나 나는 아직도 너를 위한 계획을 갖고 있다. 그래서 너의 기도에 네가 원하는 응답을 하지 않으려 한다." 하나님의 계획은 엘리야의 사역이 계속 이어지는 것이었다. 엘리야는 여전히 왕들에게 말씀을 전하고, 새 왕에게 기름을 붓고, 엘리사를 하나님 백성의 새로운 지도자로 임명해야 했다.

이 세 가지 경우 모두 하나님은 당신의 종들에게 그들을 향한 당신의 계획과 목적은 종결되지 않았다고 말씀하셨다. 그들의 요청은 그분의 의도에 반한 것이었고, 따라서 그들의 요청은 거부되었다.

때때로 하나님은 우리의 기도에 '노'라고 응답하신다. 왜냐하면 우리의 요청이 우리를 향한 그분의 선하신 계획 가운데 있지 않기 때문이다. 고양이 신자들은 큰 그림을 좀처럼 생각하지 않는다. 그들은 겨우 자신의 세계와 자신의 삶만을 본다. 강아지 성도 역시 고양이 신자들만큼이나 빈번히 '노'라는 응답을 받을 수 있음을 기억하라. 고양이 신자나 강아지 성도가 구하는 것이 남다르거나, 이기적이거나, 쾌락적이거나, 잘못된 것이 아닐 수 있다. 다만 하나님이 다른 계획을 갖고 계실 뿐이다. 때문에 강아지 성도들은 이렇게 겸손히 기도한다. "주님, 제가 원하는 것은 이것이지만, 당신은 가장 좋은 것이 무엇인지 아십니다. 나의 뜻대로 마옵시고 당신의 뜻대로 하옵소서."

더 큰 영광을 위해

하나님께서 '노'라고 응답하시는 세 번째 이유는 그분의 영광이 다른 수단을 통하여 더욱 크게 드러나기 위해서다. 바꾸어 말하면, '노'라고 하심으로써 드러날 영광이 '예스'라고 하심으로써 드러날 영광보다 훨씬 더 크다는 것이다. 우리는 이것을 예수님과 바울의 삶에서 찾아볼 수 있다.

예수님은 이렇게 말씀하셨다. "내 아버지여 만일 할 만하시거든 이 잔을 내게서 지나가게 하옵소서"(마 26:39). 다르게 말하면, 예수님은 당신 앞에 놓인 고난을 통과하고 싶지 않으셨다. 그러나 하나님의 본성은 이렇게 말씀하셨다. "아니다, 내 아들아. 네가 이 고난을 통과함으로써 나의 영광이 영원히 빛나며 땅 끝까지 구원이 전파될 것이다. 나는 이 고난을 네게서 비켜 가게 하거나 너를 이 고난에서 비켜 가게 하지 않으려 한다."

바울의 삶에서도 이와 동일한 일을 볼 수 있다. "육체의 가시"(고후 12:7)는 그를 괴롭혔다. 그것이 무엇인지 우리는 알지 못하지만, 바울은 그것이 사라지기를 원했다. 하나님께 그것을 없애달라고 세 차례나 기도했지만, 하나님은 '노'라고 말씀하셨다. 왜일까? 바울의 말을 직접 들어보자. "이것이 내게서 떠나가게 하기 위하여 내가 세 번 주께 간구하였더니 나에게 이르시기를 내 은혜가 네게 족하도다 이는 내 능력이 약한 데서 온전하여짐이라 하신지라"(8-9절). 다른 식으로 말하자면, 하나님은 바울에게 "네 육체에 이 가시가 없는 것보다 있음으로써 내가 받을 영광이 더 크다"고 말씀하신 것이다.

이것은 고양이 신자에게는 들어주기 힘든 말이다. 왜냐하면 그들은 하나님의 영광을 가장 중요하게 여기지 않기 때문이다. 그들은 안전하고 아늑하고 안락하고 편안한 삶을 위해 산다. 반면 강아지 성도들은 이것을 쉽게 받아들인다. 왜냐하면 그들은 다른 무엇보다 하나님의 영광을 드러내기 위해 살기 때문이다. 그리고 만일 그 영광이 더 크게 빛날 수 있다면, 설령 그것이 그들에게 고난을 의미한다 해도, 그들은 기꺼이 그 고난을 받아들인다.

하나님은 당신의 영광이 더욱 크게 드러날 것을 아시기 때문에 우리의 기도에 '노'라고 하실 때가 있다. 우리는 그에 대해 평안함을 가져야 한다. 그리고 하나님을 영화롭게 하는 것이 우리의 진정한 삶의 목적이라면 충분히 그렇게 될 수 있다.

이기적인 기도

또한 하나님은 이기적인 기도에 '노'라고 응답하신다. 책의 앞부분에서 우리는 이 점을 다루었다.

고양이 신자들은 하나님 나라가 아니라 고양이 나라를 세운다. 그리고 하나님은 '노'라고 응답하신다. 야고보와 요한의 경우가 여기에 해당한다. 그들은 예수님께 그분의 나라가 임하면 자기들을 좌편과 우편에 앉게 해달라고 요청했다(막 10:35-37). 그들의 초점은 자기 자신을 향해 있었다. 예수님은 이에 대해 그분의 나라에서의 상급은 겸손한 섬김을 기준으로 주어질 것이라고 말씀하셨다(41-45절).

야고보와 요한의 요청은 이런 내용이었다. "선생님이여 무엇이든지 우리가 구하는 바를 우리에게 하여 주시기를 원하옵나이다." 이제 이것이 어떤 의미인지 이해하게 되었을 것이다. 그들의 요청은 하나님께 야옹거리는 소리(Me-owing)로 들렸을 것이다. 그것은 오늘날 우리가 이렇게 말하는 것과 같다. "우리가 원하는 것이 무엇인지 당신에게 말하지 않아도, 우리는 당신이 그것을 들어주겠다고 약속해주기를 원합니다. 우리가 무엇을 구하는지 알지 못해도 그것을 주겠다고 약속해주십시오." 마치 자녀가 부모에게 약은 꾀를 쓰듯 야고보와 요한은 예수님께로부터 긍정적인 답변을 받아 내려고 노력했다. 그러나 그런 노력은 아무 효과가 없다.

잠시 상상해보라. 만일 하나님이 모든 이기적인 기도에 '예스'라고 응답하시면 어떻게 될까? 그 응답은 우리에게 어떤 영향을 미칠까?

- 우리는 부모가 훈육을 포기한 버릇없는 아이들처럼 행동할 것이다. '버릇없는 철부지 고양이 신자'는 최악이다.
- 우리는 하나님의 임재보다는 그분의 선물을 더 원하게 될 것이다.
- 우리는 하나님의 존재 자체보다는 그분이 우리에게 주시는 것을 추구할 것이다.
- 우리는 성품보다는 안위를 중시할 것이다.
- 우리는 완벽한 건강과 엄청난 부를 위해 기도하겠지만, 결국 영적 궁핍에 빠질 것이다.

우리는 오로지 자기 자신에만 관심이 있고, 소유에만 초점을 맞춘 삶을 살며, 다른 사람에게는 아무 관심도 없는 어린아이처럼 될 수 있다. 부모가 그런 자녀에게 때때로 '노'라고 말하는 것처럼, 하나님께서도 '노'라고 말씀하신다. 그분은 우리가 버릇없는 철부지 고양이 신자가 되는 것을 원하지 않으신다.

하나님이 '노'라고 응답하시는 다른 이유들

지금까지 하나님께서 '노'라고 응답하시는 기도의 예를 살펴보았다. 성경에 나오는 또 다른 이유들을 찾아보자. 믿음이 없이는 어떤 일도 일어나지 않는다. 믿음과 함께하면 어떤 일이라도 일어날 수 있다.

> "내가 진실로 너희에게 이르노니 만일 너희가 믿음이 있고 의심하지 아니하면 이 무화과나무에게 된 이런 일만 할 뿐 아니라 이 산더러 들려 바다에 던져지라 하여도 될 것이요 너희가 기도할 때에 무엇이든지 믿고 구하는 것은 다 받으리라." 마태복음 21:21-22, 강조 추가

> "믿음이 없이는 하나님을 기쁘시게 하지 못하나니." 히브리서 11:6

만일 우리가 은밀한 죄를 고집한다면 하나님은 우리의 기도를 들어주시지 않을 것이다. "내가 나의 마음에 죄악을 품었더라면 주께서 듣지 아니하시리라"(시 66:18). 나는 이 구절을 읽으며 〈호간의 영웅들〉(Hogan's Heroes)이라는 TV 드라마에서 슐츠 상사가 한 말이 떠올랐다. 그는 무언가 의심스러운 일이 일어나면 항상 이렇게 말했다. "나는 아무것도 보지 못했어! 나는 아무것도 듣지 못했어!" 이것이 바로 우리가 은밀한 죄를 붙들고 있을 때 하나님께서 하시는 반응이다.

'합당치 못한 제사'는 하나님의 응답을 가로막는다. 하나님은 말라기 1장에서 이스라엘 백성이 눈멀고, 다리 절고, 병들어 흠이 있는 희생제물을 바쳤기 때문에 그들에게 마음이 상했다고 말씀하셨다.

주님을 전심으로 존중하지 않고 경외하지 않을 때 하나님은 우리를 향하여 "귀를 막으"신다. "그 때에 너희가 나를 부르리라 그래도 내가 대답하지 아니하겠고 부지런히 나를 찾으리라 그래도 나를 만나지 못하리니 대저 너희가 지식을 미워하며 여호와 경외하기를 즐거워하지 아니하며 나의 교훈을 받지 아니하고 나의 모든 책망을 업신여겼음이니라"(잠 1:28-30).

긍휼이 필요한 사람에게 긍휼을 베풀지 않는 것도 우리의 요청을 가로막는 걸림돌이다. "귀를 막고 가난한 자가 부르짖는 소리를 듣지 아니하면 자기가 부르짖을 때에도 들을 자가 없으리라"(잠 21:13).

하나님이 아닌 다른 것을 섬길 때 하나님은 응답하지 않으신다. 이스라엘 백성이 부르짖었을 때 하나님은 그들의 호소를 듣지 않겠다고 말씀하셨는데 그 이유가 이 때문이었다. "너희가 예루살렘 거리의 수대로 그 수치스러운 물건의 제단 곧 바알에게 분향하는 제단을 쌓았도다"(렘 11:13).

거짓말, 사악한 말, 살인 그리고 강도질은 우리의 요청에 대해 하나님이 등을 돌리시게 만들 것이다. "오직 너희 죄악이 너희와 너희 하나님 사이를 갈라 놓았고 너희 죄가 그의 얼굴을 가리어서 너회에게서 듣지 않으시게 함이니라 이는 너희 손이 피에, 너희 손가락이 죄악에 더러워졌으며 너희 입술은 거짓을 말하며 너희 혀는 악독을 냄이라"(사 59:2-3).

올바르고 친절하게 아내를 대하지 않으면 그 남편의 기도는 응답받지 못할 것이다. "남편들아 이와 같이 지식을 따라 너희 아내와 동거하고 그를 더 연약한 그릇이요 또 생명의 은혜를 함께 이어 받을 자로 알아 귀히 여기라 이는 너희 기도가 막히지 아니하게 하려 함이라"(벧전 3:7).

우리는 또한 하나님은 불의한 자의 기도는 회개의 기도는 응답받지 못할 것이다.

기도의 원리는 로켓을 연구하는 학문도 아니고, 심오하고 신비한 어떤 것도 아니다. 만일 하나님이 당신의 기도에 응답하지 않으신다고 생각된다면, 당신은 어쩌면 위에서 살펴본 원리들 가운데 적어도 하나 혹은 그 이상을 위반하고 있을 수 있다. 그리고 이것이 완전한 목록도 아니다! 하나님은 우리와 대화를 나누시고 의사를 주고 받기 원하시지만 죄를 비롯해 영적 원리를 위반하는 일은 우리의 기도 생활을 망가뜨리고 말 것이다. 하나님은 우리의 삶이 그분의 거룩한 방식에서 벗어날 때 방치하셔서 우리가 그분의 선한 계획에서 벗어나도록 내버려두지 않으실 것이다.

이 책을 마무리하며 다음과 같이 기도드리고 싶다.

하나님 아버지, 우리는 당신이 이 책을 사용하셔서 이 책을 읽는 사람들의 마음과 삶에 강력한 기초를 세워주시기를, 그리고 그들이 자원하는 마음으로 당신의 나라를 구하고, 당신의 길을 세우며, 당신을 널리 알리는 일에 더 많이 준비되기를 원합니다. 바라옵기는 주님이 우리의 삶을 통해 그리고 우리의 기도를 통해 영광을 받으시기 원합니다. 당신이 베푸신 것들을 통하여, 당신이 기다리라고 말씀하신 것들을 통하여, 그리고 심지어 당신이 '노'라고 말씀하신 것들을 통하여 영광을 받으시옵소서.

이 장의 교훈

우리는 하나님께서 '노'라고 응답하신 기도의 예들을 성경에서 살펴보고 하나님이 '노'라고 응답하시는 네 가지 구체적인 이유를 알아보았다. 그것은 우리 삶에 존재하는 죄, 하나님의 뜻에서 벗어난 것을 구하는 것, '노'라는 응답이 하나님의 영광을 더욱 크게 드러낼 때 그리고 이기적인 기도다.

또한 우리 기도의 응답을 가로막는 다양한 이유를 성경에서 살펴보았다.

제럴드의 마지막 생각

하나님이 응답하실 수 없는 기도

하나님이 응답하실 수 없는 기도란 실제로 하나님께 응답해달라고 구하지 않거나 혹은 하나님께 응답하실 수 있는 여지를 전혀 드리지 않는 기도를 말한다. 이런 기도는 충분한 생각을 거치지 않고 나온다. 내가 말하고 들은 몇 가지 기도의 예를 통해 살펴보기로 하자.

먼저 가장 흔한 기도 가운데 하나로 식사 전에 드리는 기도부터 시작하자.

기도 1
"주님, 이 음식에 복을 주옵소서"

우리는 정말 이 기도에 하나님이 응답하시기를 원하는 걸까? 이 말은 실제로 무슨 의미일까? 예수님은 식사하실 때 보통 음식에 대한 '감사'를 드리셨다. 그분은 하나님의 공급하심에 대해 감사하는 마음을 가지셨다. 그분이 음식에 대해 '축복'하신 한 가지 경우는 5천 명을 먹이셔야 했는데 가진 것은 겨우 보리떡 몇 개와 물고기 몇 마리밖에 없을 때였다.

실제로 5천 명을 먹여야 하는 상황이 아니었다면, 우리는 언제, 어떻게 혹은 정말로 하나님께서 그런 기도에 응답하시는지를 어떻게 알 수 있겠는가? 때문에 샌드위치를 먹을 때마다 하나님께 하늘과 땅을 초월하시고 물리 법칙을 뒤집어 이 샌드위치에 어떤 기적 같은 일을 행하시도록 요청하는 대신 감사함으로 기도할 것이다.

기도 2

"이 음식이 우리 몸에 영양을 공급하도록 복을 내려주옵소서"

나는 하나님께서 이렇게 말씀하시는 것을 상상할 수 있다. "이것이야말로 너희가 먹는 음식에 대하여 내가 늘 갖고 있던 생각이다. 내가 음식을 만든 이유가 바로 그 때문이다. 너는 네가 먹는 햄버거에 대해 음식에 대한 이 원리 말고 내가 다른 일을 행한다거나, 감사하지 않고 음식을 먹는 불신자들은 받을 수 없는 다른 일을 행할 것이라고 기대하는 것이냐?" 한번 생각해보라. 하나님은 고기와 상추와 피클을 비롯한 많은 것들을 우리 몸의 영양을 위해 만드셨는데, 이런 기도로 무엇을 더 바라고 있는 것일까? 그리고 만일 그분이 응답하셨다 해도 어떻게 그 응답을 알 수 있겠는가?

기도 3

"주님, 우리가 받을 것에 대하여 진정으로 감사하게 하옵소서"

"우리가 진정으로 감사하게 만드소서?" 우리는 진정 그렇게 배은망덕한 사람이어서 하나님께서 이미 베푸신 것에 대해 감사하지 않고 있는가? 우리는 지금 하던 일을 멈추고 그분께 우리를 감사하게 만들어달라고 요청해야 하는가? 하나님이 그런 기도에 응답하셔야겠는가?

기도 4

"주님, 오늘 빌리와 함께하옵소서"

하나님은 세상 끝날까지 우리와 함께하겠다고 말씀하시지 않았는가? 그분은 우리를 결코 버리지 않겠다고 말씀하시지 않았는가? 이 기도는 하나님께 무엇을 해달라고 요청하는 것일까? 그분은 이미 행하고 계신 일에 대해 어떻게 다시 응답하셔야 하는 것일까?

기도 5

"주님, 우리는 이 순간 클라라 이모를 기억합니다"

내가 상상하기로 하나님은 이 기도를 듣고 이런 생각을 하실 것 같다. "네가 클라라 이모를 기억한다고? 나도 그렇단다! 우리 둘 모두 그녀를 기억하는 것을 확인했는데, 그럼 이제 너는 내게 무엇이 물어보고 싶은 것이냐?"

당신은 이의를 제기하며 이렇게 말할 것이다. "하나님, 이런 일로 너무 까탈스러우신 거 아닌가요, 설교자처럼요?" 그 말도 맞을 수 있지만, 이 기회를 통해 우리가 더욱 구체적으로, 더욱 전략적으로, 더욱 사려 깊게 기도하는 것에 대해 시간을 들여 고찰해볼 수 있다.

기도가 구체적일수록 하나님의 응답을 더욱 쉽게 볼 수 있다. 그리고 기도와 관련된 시간은 하나님과 더 가까워지는 시간으로 사용될 수 있다. 이것은 그분과 함께 보내는 매우 값진 시간이다.

기억하라. 하나님은 그분과 우리와의 관계를 우리의 모든 요청에 빨리 응답하시는 것보다 더 많은 관심을 갖고 계시다는 사실을. 그분과 함께하는 시간을 가져라. 그리고 그분을 누리는 법을 배워라.

밥의 마지막 생각

초자연적인 것을
초월하기

나는 강아지 성도처럼 살기 위해 애쓰면서 모든 일에 이런 질문을 던지려고 노력한다. "이 일로 하나님이 어떤 유익을 받으실까?" 그리고 내가 이런 생각을 더 많이 할수록, 내가 하나님을 곤경에 처하시게 하는 것은 아닐까 하는 생각이 들기도 한다.

예를 들어, 사역을 위해 드리는 기도 같은 것 말이다. 나는 계속해서 주님께 '영광 플러스' 사역을 초자연적인 것으로 만들어달라고 요청하고 있다. 그렇게 기도하는 이유는 그 사역을 통해 일어나는 모든 공로와 영광을 주님이 받으시기 원하기 때문이다. 그와 동시에, 나는 이 사역을 발전시키는 데 필요한 재정을 공급해달라고 기도한다.

현재로서는, 하나님이 이런 기도에 내 생각으로는 당연하다고 여겨지는 방식으로 응답하고 계시지 않다. 우리 사역은 재정 상황이 좋지 않다. 그럼에도 우리 사역은 해외에서 순조롭게 성장하고 있다. 그 성장의 주된 이유는 우리 국제부 담당자가 그 작은 금액의 사용을 맡아 하나님의 영광스런 메시지를 전파하는 일에만 주로 사용하고 있기 때문이다. 그 사역이 그렇게 작은 예산으로도 성장해왔기 때문에 많은 사람들은 그 성장이 초자연적인 것이었다고 말한다.

그래서 나는 혹시 하나님께서 하늘 보좌에서 이렇게 혼잣말을 하시지는 않을까 생각한다. '좋았어. 이 친구는 사역이 초자연적이기를 원하면서도, 더 많은 돈을 원하는군. 만일 내가 더 많은 돈을 준다면, 사역의 성장은 더 이상 초자연적인 것으로 보이지 않을 거야. 그러니 여기서 하나를 선택해야겠군. 나는 그 친구에게 돈을 주지 않음으로써 그 사역을 이전보다 더욱 초자연적으로 보이게 할 거야!

근본적으로, 내 기도는 모순된다. 나는 사역이 초자연적이기를 원하면서도 돈을 바란다. 이 방식은 사역을 초자연적이지 않은 것으로 보이게 만들 것이다. 그렇다면, 하나님은 초자연적인 방법으로 돈을 주셔서 그 사역이 여전히 초자연적인 것으로 보이게 하실 수 있을까? 물론 그렇다. 그러나 하나님은 내게 그런 방식을 택하지 않으셨다. 그것은 그분의 선택이며, 나는 그 선택에 대해 "알았습니다"라고 말씀드려야 한다.

나는 이러한 모순을 내 기도 생활의 다른 영역에서도 보고 있다.

나는 30년이 넘도록 "주님, 저를 깨뜨리셔서 당신이 원하시는 사람으로 만들어주세요"라고 기도하고 있다. 그리고 그런 기도를 드릴 때마다 손가락 사이에 연필을 집어넣고 무릎 위에 세게 내리쳐 부러뜨리는 아이가 생각나곤 한다. 나는 정말로 하나님 앞에서 깨어지고 싶다. 그렇지만 하나님은 내가 정말로 원하지 않는 방식으로 나를 깨뜨리시려는 기회들을 삶에 제공하신다.

최근에 다른 주에 사는 한 친구의 딸이 어려움에 처한 적이 있다. 내 친구 부부는 시련을 겪고 있는 자기 딸과 함께 있어주려고 딸네 집에 가려고 했지만, 상황이 되지 않았다. 매우 중대한 위기 상황이었기 때문에 친구는 나와 내 아내에게 그날 밤 자기 딸을 방문해 함께 있어달라고 부탁했다.

친구의 딸은 우리 집에서 한 시간 거리에 살고 있었고, 내가 그 전화를 받았을 때는 막 휴식을 취하려고 자리에 누웠을 때였다! (하루 종일 힘들게 일해서 녹초가 되어 있었다.) 나는 조용히 기도했다. '오 주님, 제가 정말 가야 하나요?'

나는 또다시 주님을 곤경에 빠뜨렸다. 그분이 이렇게 말씀하시는 것 같았다. "이거 또 쇼그린이지? 그 녀석은 깨어지기를 원한다고 하면서도 정작 그런 기회를 주면 거기서 구해달라고 요청한단 말이야. 도대체 어느 쪽 기도에 장단을 맞춰야 하는 거지?"

그분은 '연필 기도'를 응답하기로 선택하신다. 그리고 그것이 내게는 더 좋은 것이다. 나는 깨어지기를 원할 뿐 아니라 주님께 내

성품 안에 더욱 깊은 어떤 일을 행하시도록 요청하기도 한다.

내 아내는 매우 건강한 편이지만, 최근에 허리에 통증이 생겼다. 그래서 물건을 집기 위해 허리를 숙이지 못하고, 무거운 것은 전혀 들어 올리지 못하며, 심지어 의자에서 일어날 때에도 누군가의 도움이 필요했다. 나는 아내가 빨리 낫기를 위해 기도했지만, 치료는 늦어지기만 했다. 그때 나는 이런 현상은 내가 서로 모순되는 기도를 드리기 때문은 아닐까 하는 생각이 들었다.

당신도 알다시피, 나는 하나님께 나를 깨뜨려달라고 기도해왔을 뿐 아니라 종의 마음을 달라고 기도해왔다. 그리고 나는 하나님께서 아내의 허리 문제를 사용하셔서 그 기도에 대한 하나의 응답이 되게 하셨다고 믿는다.

나는 다시 한 번 하나님께서 하늘 보좌에서 이렇게 말씀하시는 것을 상상한다. "그래, 너는 내게 종의 마음을 달라고 요청했지. 여기 네게 완벽한 기회가 있다. 네 아내를 섬겨보아라. 이렇게 하면 된다. 아내의 허리에 냉찜질 팩을 대주고, 아내가 필요로 하는 것들을 공급해주어라. 그리고 아내가 자리에서 일어서고 싶을 때 도와주고, 아내가 떨어뜨린 것들은 집어주어라. 그리고 식료품이 떨어지면 아내를 도와 가게로 갈 수 있게 자동차에 타는 것을 도와주고 도착하면 내리는 것을 도와주어라. 그런 다음 아내와 함께 식품이 있는 곳을 찾고, 그것을 수레에 담고, 수레를 끌고 계산대 앞으로 가고, 다시 수레에 담은 다음 자동차에 싣고, 다시 아내가 자동차에 타는 것을 도와주어라. 집에 돌아와서는 다시 아내가 자동차에서 내리는 것을 도와주고, 식료품을 차에서 내려 부엌으로 옮겨라. 그런 다음 사온 것을 모두 정리하고 아내에게 냉찜질 팩을 갖다주고, 다시 소파에 누우면 필요한 것들을 제공해주어라. 그러고나서 내게 빨리 치료해달라고 요청하여라! 너는 너의 기도가 응답받기를 원하는 것이냐, 그렇지 않은 것이냐?"

나는 하나님을 막다른 골목으로 몰아넣었다. 그분은 어느 기도에 응답하실 것인가?

이 모습은 내가 하나님께서 어떤 기도에는 응답하시고 어떤 기도에는 그렇지 않으시는지를 이해하는 데 도움이 된다. 하나님은 "주님, 저를 깨뜨려주세요"라는 기도에 응답하실 때가 있고, 우리에게 풍성한, 즉 편안해 보이는 삶을 제공하실 때도 있다.

우리는 우리를 깨뜨릴 상황이나 혹은 우리를 더 좋은 종으로 만들 상황을 우리의 삶에 도입함으로써 마침내 그분을 더욱 닮아가며, 그분께 더 많은 영광을 돌리고, 더욱 풍성한 삶을 영위하게 된다. 그러나 그 목표에 도달하기 위해서는 필요 없는 것을 솎아내는 시간을 거쳐야 한다. 그리고 그런 가지치기 시간은 우리가 드리는 다른 기도와 서로 충돌할 수도 있다.

당신에게 힘든 시간이 닥칠 때, 모든 것이 내리막길로 치닫는다고 느껴질 때 하나님께서 당신을 외면하시거나 혹은 당신의 기도를 조금도 들어주시지 않는다고 생각될 때 소망을 잃지 마라. 그분은 당신이 깨닫는 것보다 훨씬 더 당신의 삶에 관여하고 계시지만, 당신의 기도에 쉽고 안전하고 안락한 삶으로 응답하지 않으실 수도 있다. 그분은 당신이 오래전부터 드려왔으며 마침내 그분의 영광을 더욱 크게 비추고 반사하게 될 "주님, 저는 주님을 더욱 닮고 싶습니다"는 기도에 응답하고 계신 중일 수 있다. 비록 그 모습이 당신이 현재 기도하고 있는 것들과 충돌을 일으키고 있는 것처럼 보일지도 모르지만 말이다.

하나님을 신뢰하라. 그분은 당신을 위한 가장 좋은 것을 마음에 품고 계시며, 그것이 그분의 영광을 놀랍고 장엄한 방식으로 드러내도록 완벽하게 조율하고 계시다.